Le Canada français d'aujourd'hui

Le Canada français d'aujourd'hui

Études rassemblées par la
Société royale du Canada

LÉOPOLD LAMONTAGNE, M.S.R.C.

éditeur

OUVRAGE PUBLIÉ POUR LE COMPTE DE LA SOCIÉTÉ

PAR UNIVERSITY OF TORONTO PRESS

ET LES PRESSES DE L'UNIVERSITÉ LAVAL

Droits réservés, Canada, 1970
University of Toronto Press et
Les Presses de l'université Laval
Imprimé au Canada

SBN 8020-1658-8 (Toronto)
Dépôt légal, premier trimestre 1970 (Québec)

La Société royale du Canada remercie
le Conseil des arts du Canada de l'aide
financière qu'il lui a accordée pour permettre
la publication des Studia varia, dont le présent
ouvrage fait partie. Le fait d'accorder une subvention
ne rend toutefois pas le Conseil des arts
responsable des vues exprimées dans les
divers volumes de cette collection.

Avant-propos

RÉVÉLER UN PEUPLE À LUI-MÊME et aux autres, tel est le dessein qui a inspiré les membres de la Section des Lettres et Sciences humaines de la Société royale du Canada lorsqu'ils ont entrepris de publier la présente étude portant sur la civilisation française en Amérique du Nord.

Nous savons tous que la France, un jour, a essayé d'occuper un empire qui s'étendait de Terre-Neuve aux montagnes Rocheuses et de la baie d'Hudson au golfe du Mexique. C'était très grand, trop grand. Elle a dû en céder des morceaux puis, à la fin, tout abandonner. A cette époque, elle avait connu l'Afrique du Nord, plus près d'elle, beaucoup moins rigoureuse et moins convoitée par sa puissante rivale.

La France est partie, mais nous sommes restés. Et en nous sont demeurées des innéités qu'aucun autre peuple n'aurait pu nous donner. Chez nous ont subsisté des institutions qui nous ont longtemps distingués de tous nos voisins. Au surplus le climat, l'esprit d'aventure, le choc d'un entourage imposé nous ont profondément marqués. Même les Français, du temps qu'ils étaient avec nous, nous trouvaient différents. La conquête nous a séparés d'eux et elle a encore accentué ces distinctions. Deux siècles de vie isolée de notre première mère patrie, mais aussi deux siècles d'influences politiques, économiques et culturelles étrangères ont fait que l'évolution de cette civilisation française n'a pas été aussi rapide ni aussi prononcée en Amérique que dans l'ancienne métropole.

Nous croyons tout de même occuper une place sous le soleil septentrional. Cette place, nous l'avons conquise de haute lutte sur tous les fronts. Nous avons progressé en pensée et en œuvre. Cette avance, il faut la raconter, l'inscrire dans les annales de l'histoire.

Un premier volume a exposé les cadres religieux, scolaires, politiques, juridiques et économiques dans lesquels était organisée cette société. Un deuxième tome a marqué dans l'ordre littéraire, artistique et artisanal l'évolution historique de cette société. Le présent ouvrage a pour objet de faire le point actuel de son cheminement.

Nous sommes en effet parvenus à un tournant important de notre itinéraire. Des traditions fort anciennes tombent en désuétude. Une jeune génération se lève qui va transformer profondément nos manières de vivre. Elle renverse avec fougue bien des idoles. Elle prend des positions qui paraissent encore à plusieurs bien utopiques ; elle avance des théories outrancières avec ardeur. C'est un signe réconfortant par bien des côtés. En tout cas il indique que la vie ne s'est pas encore tout à fait retirée de nous. Le travail de ceux qui succéderont à ces iconoclastes donnera à leurs propos et à leurs actes plus de maturité. L'autocritique fera disparaître les éléments trop discutables de leurs attitudes. Ce romantisme révolutionnaire s'épurera en un nouveau classicisme qui, peu à peu, se diffusera dans tous les secteurs de notre civilisation. L'effort redeviendra structure.

Notre société désormais ne sera jamais plus la même. Elle se tourne davantage aujourd'hui vers l'action, vers l'organisation, vers l'efficience pour atteindre un meilleur équilibre. La présente étude, faite en l'an premier du deuxième centenaire de la confédération canadienne, ferme donc une page sur notre passé.

De quoi demain sera-t-il fait ? Nous ne pouvons l'envisager qu'en espérance; d'autres, souhaitons-le, vous le raconteront avec fierté.

LÉOPOLD LAMONTAGNE

Table des matières

Avant-propos/v
LÉOPOLD LAMONTAGNE, M.S.R.C.
directeur du Service d'admission au collège et à l'université

TITRE I ÉDUCATION ET RELIGION

1 Le financement de l'éducation/3
GÉRARD FILION, M.S.R.C.
président de Marine Industries

2 La réforme pédagogique/11
ALPHONSE-MARIE PARENT, M.S.R.C.
vice-recteur de l'université Laval

3 La démographie religieuse/19
RICHARD ARÈS, M.S.R.C.
directeur de la revue Relations

TITRE II SCIENCES, LETTRES ET ARTS

4 Les sciences pures et appliquées/39
LÉON LORTIE, M.S.R.C.
historien de l'Université de Montréal

5 Les sciences de l'homme/57
NOËL MAILLOUX, M.S.R.C.
Institut de psychologie, Université de Montréal

6 Les lettres/66
JEAN FILIATRAULT, M.S.R.C.
Bureau de l'information, Université de Montréal

7 La langue/76
JEAN-MARIE LAURENCE, M.S.R.C.
Radio-Canada

8 Les beaux-arts/97
YVES ROBILLARD
critique d'art

TITRE III ÉCONOMIE ET POLITIQUE

9 La situation économique/127
ROLAND PARENTEAU, M.S.R.C.
directeur général du Conseil d'orientation économique du Québec

10 Les perspectives économiques/136
GÉRARD PARIZEAU, M.S.R.C.
directeur de l'Actualité économique

11 L'évolution politique/150
MAURICE LAMONTAGNE, M.S.R.C.
professeur à l'Université d'Ottawa

ism
TITRE PREMIER
Éducation et religion

1
Le financement de l'éducation

GÉRARD FILION, M.S.R.C.

L'ÉCOLE FUT À L'ORIGINE, dans le Québec comme dans les neuf autres provinces canadiennes et la plupart des états américains, une responsabilité purement locale. Les lois scolaires de 1841, de 1845 et de 1846 imposaient aux propriétaires de biens-fonds d'un lieu donné l'obligation de construire des écoles, de les entretenir et de payer le traitement des maîtres. Les subventions du pouvoir central avaient une valeur purement d'appoint. Les pouvoirs des conseillers d'écoles s'étendaient même au domaine pédagogique, puisque le choix des maîtres, des manuels et des programmes était de leur juridiction et qu'ils avaient le droit, avec le curé de la paroisse, de visiter les écoles et d'examiner les élèves.

Durant plus de cent ans, le financement de l'enseignement primaire fut donc l'affaire des parents, terme qui se confondait assez facilement avec celui de propriétaires de biens-fonds.

Au niveau secondaire et supérieur, la charité et la philanthropie suppléaient à la carence des pouvoirs publics. Les collèges classiques germèrent dans l'esprit de sacrifice des hommes d'Église. Certes le souci du recrutement sacerdotal n'était pas étranger à leur geste, mais le sens du devoir civique n'était pas non plus absent de leurs préoccupations. Durant cent ans les Canadiens français passèrent de l'école de rang à l'université grâce aux deux cent cinquante dollars de traitement annuel de leurs professeurs prêtres, arrondis des quêtes auprès des fidèles des diocèses et des dons des chanoines défunts.

Les universités vécurent de la même façon. Les Québécois de langue anglaise, plus riches et plus généreux, dotèrent largement McGill. Laval s'édifia à même les biens du séminaire de Québec et le renoncement de ses professeurs clercs.

La guerre de 1939–1945 fit entrer le Canada français dans le monde moderne de l'éducation. Le progrès vertigineux des sciences et des techniques lui fit sentir le poids de son ignorance. Il ne lui suffirait plus désormais de faire la cueillette des esprits brillants et de les former aux disciplines de la pensée spéculative et de la parole élégante. La lutte pour la vie était engagée. Il fallait que toute la population de toutes les couches sociales élève le niveau de ses connaissances à l'étiage de l'Amérique et de l'Europe. Une nécessité aussi impérieuse appelait un effort financier débordant largement les moyens des collectivités locales. C'est toute la société québécoise qui était mise à contribution avec toutes les ressources de sa résignation ou de sa générosité.

L'explosion scolaire a pris quatre formes à l'examen desquelles il convient un moment de s'arrêter.

L'accroissement de la population scolaire. Le raz de marée démographique provoqué par la guerre atteignit l'école primaire vers 1950, l'école secondaire vers 1958 et l'université vers 1965. A quoi il faut ajouter l'apport nullement négligeable de l'immigration. De 1948 à 1964, les effectifs du cours primaire passent de 530,000 à 976,000. Au secondaire la montée, plutôt lente entre 1948 et 1956, prend subitement une allure vertigineuse; en huit ans, les effectifs ont triplé. Pour l'ensemble de la province et aux deux niveaux, le nombre des écoliers passe donc de 588,000 à un million 298,000 en dix-sept ans.

La prolongation des études. En 1948, 58,000 élèves seulement étaient inscrits au cours secondaire; en 1964, ce nombre était passé à 322,000. C'est une augmentation de cinq fois et demie en dix-sept ans. La loi de 1961 rendant les conseils scolaires responsables de l'éducation jusqu'à la onzième année des enfants de leur territoire soit dans leurs propres écoles, soit dans des institutions privées, stimule la fréquentation du cours secondaire.

Le renouvellement de l'équipement scolaire. Durant la crise économique et durant la guerre, il ne se construit presque pas d'écoles. Au lendemain de celle-ci, il faut rebâtir des milliers d'écoles de rang délabrées. Mais tout de suite après s'amorce le mouvement de centralisation des classes au village par le rassemblement des élèves, et le regroupement sur le plan régional des classes d'enseignement secondaire. Les écoles de rang nouvellement construites devinrent désuètes et les locaux servant à l'enseignement secondaire dans le couvent du village furent désertés pour l'école régionale. En vingt ans, il fallut renouveler presque deux fois l'équipement scolaire du Québec.

La formation des enseignants. Les écoles normales avaient pour vocation de former des maîtresses pour les écoles de rang. Le brevet élémentaire, plus tard remplacé par le brevet C, préparait des enseignants pour le cours primaire. La montée rapide des effectifs au secondaire créa une forte demande d'enseignants mieux préparés.

Les facultés universitaires furent largement mises à contribution et les écoles normales appelées à pousser leurs sujets vers l'obtention du brevet A donnant le droit d'enseignement au secondaire. De 1949 à 1965, le nombre des enseignants sous la seule juridiction des conseils scolaires passa de 24,500 à 58,000.

L'explosion scolaire sous les quatre formes que je viens de décrire force le gouvernement provincial à une participation plus directe à la solution des problèmes scolaires. Sur le plan financier, cette intervention se traduit par les mesures suivantes.

Le rachat des dettes scolaires. En 1946, une loi décrète le rachat de toutes les dettes scolaires. Le fonds de l'éducation, alimenté par la moitié du produit de la taxe de vente, assure le service de la dette et finance les subventions aux conseils scolaires. La mesure avait pour objet de soulager leur budget; elle eut pour effet psychologique de développer l'imprévoyance chez les administrateurs scolaires. Recommençons à nous endetter, se dirent-ils, le gouvernement sera bien forcé d'assumer nos dettes une deuxième fois. Ce qui fut fait partiellement en 1955.

Les traitements du personnel enseignant. Les subventions à ce poste restèrent longtemps purement symboliques. Elles s'élevaient à un million 400,000 dollars seulement en 1941. En 1958, elles étaient passées à vingt-trois millions 900,000 dollars. Le gouvernement fit également sentir le poids de son autorité en fixant d'office le traitement des enseignants ou en imposant l'arbitrage obligatoire des conflits.

Les constructions scolaires. A l'époque de l'école de rang, le poids financier de la construction et de l'entretien des bâtiments retombait entièrement sur les contribuables de l'arrondissement. Une taxe spéciale sur les biens-fonds du territoire était perçue jusqu'à amortissement de la dette. Le département de l'Instruction publique prit l'habitude d'accorder de modestes subventions pour aider les régions pauvres ou les projets particulièrement onéreux. La politique ne tarda pas à se généraliser à partir du moment où la fermeture des écoles de rang rendit nécessaire la construction d'édifices coûteux. Les subventions pour construction et réparations d'écoles furent multipliées par cent entre 1941 et 1959.

Les subventions spéciales. A partir des années cinquante, le gouvernement prit l'habitude d'accorder une aide particulière aux conseils incapables de boucler leur budget. La pratique eut l'effet d'inciter les administrateurs scolaires à prévoir des déficits afin de les faire combler par l'autorité supérieure, moyennant un pèlerinage, député en tête, chez le surintendant de l'Instruction publique. Il n'est pas facile de faire le calcul des sommes ainsi versées aux écoles et de faire voir leur progression. Celle-ci était d'ailleurs variable selon la proximité ou l'éloignement des élections. On sait seulement que les subventions pour déficits devinrent une pratique de plus en plus courante et pour des sommes de plus en plus élevées.

Pendant que l'enseignement public puisait une part croissante de ses ressources financières dans le trésor public, les institutions privées continuèrent à vivre de dévouement et de charité. Cependant la coutume de subventions à l'occasion d'événements spéciaux : agrandissement, anniversaire, etc., tendit graduellement à s'établir. Peu de collèges classiques ne réussirent pas à soutirer ainsi des sommes assez rondelettes par suite de l'intervention d'un ancien ayant l'oreille du pouvoir. La subvention annuelle de 10,000 dollars accordée à tous les collèges masculins fut portée à 25,000 dollars un jour que le premier ministre était d'humeur agréable. Il va de soi que les frais de scolarité ont toujours représenté la source principale des revenus ordinaires des institutions privées.

En 1961, le parlement adopte une série de lois qui constituent ce qu'on a appelé, non sans quelque pompe, la grande charte de l'éducation. Quelles sont leurs conséquences financières ?

Pour la première fois dans l'histoire du Québec, les conseils scolaires sont rendus responsables de l'éducation de tous les enfants de leur territoire jusqu'à la onzième année inclusivement. Cette prescription signifie qu'ils doivent mettre sur pied, seuls ou avec d'autres, des classes secondaires comportant les options du programme officiel. Pour les élèves fréquentant une institution privée, les conseils sont tenus de verser 200 dollars par année en guise de frais de scolarité. Dans un grand nombre de cas, la loi vint simplement confirmer une pratique déjà ancienne. Il y avait déjà longtemps que les conseils d'agglomérations les plus populeuses et les plus riches donnaient l'enseignement postélémentaire officiel, plus les quatre premières années du cours classique, domaine censément réservé aux collèges classiques.

Des conseils scolaires plus modestes avaient pris l'initiative de se grouper en « corporations d'écoles primaires-complémentaires de comtés » pour employer le jargon officiel, et avaient tenté, sans succès, de mettre sur pied un enseignement secondaire valable. La loi de 1961 définit la nature, les pouvoirs et les responsabilités des conseils scolaires régionaux. Ce qui jusque-là n'avait été que tâtonnements et velléités devint obligation stricte et politique ferme. L'opération 55 divise la province en autant de districts et un nombre égal de conseils régionaux regroupe les ressources et les responsabilités de quelque quinze cents conseils locaux.

Cette responsabilité additionnelle imposée à des institutions aux finances déjà difficiles ne tarda pas à leur créer des embarras de trésorerie dont le nouveau ministère de l'Éducation dut assumer une large part du fardeau. Les subventions nouvellement augmentées s'avérèrent insuffisantes et le trésor provincial dut combler les déficits des conseils par le recours aux subventions spéciales. Le mal qu'on avait cru guérir renaissait sous d'autres formes et à un autre niveau.

Les exercices 1961-1962 et 1962-1963 virent les déficits croître à une allure vertigineuse, passant de 19 millions à 55 millions de dollars. Il était donc urgent de mettre un cran d'arrêt à cette course des conseils scolaires vers l'insolvabilité. Le ministère formula alors les éléments d'une politique dite de la normalisation de l'effort fiscal. Elle consistait à exiger des contribuables locaux un certain niveau de sacrifice pour avoir droit au support financier du trésor provincial. Cet effort s'exprimait concrètement par un impôt de 80 cents par cent dollars de richesse foncière réelle pour les conseils ruraux et de $1.30 pour les conseils urbains. Dans les deux cas cependant la hausse de l'impôt ne devait pas dépasser vingt pour cent de l'année précédente.

En même temps que le ministère posait un plancher à l'effort local, il plafonnait les dépenses des conseils scolaires. Ceux-ci étaient astreints à des règles rigides quant au nombre d'enseignants par rapport au nombre de classes et d'élèves, quant aux hausses de traitements des maîtres. Une fois l'effort local porté au niveau indiqué précédemment et les dépenses contenues à l'intérieur de normes définies, le ministère consentait des subventions dites d'équilibre budgétaire.

Cette politique nouvelle, qui cherchait à mettre de l'ordre dans les finances scolaires et à limiter les engagements financiers pris par les conseils mais finalement soldés par le trésor provincial, se buta à des difficultés considérables.

Il devint rapidement évident qu'il n'était pas facile d'évaluer l'effort des contribuables locaux. Les conseils scolaires sont tenus par la loi de se servir du rôle d'évaluation préparé par les municipalités. Le code municipal et la loi des cités et villes ont beau stipuler que les conseils municipaux doivent procéder tous les trois ans à l'évaluation des biens-fonds de leur territoire sur la base de la valeur réelle, cette prescription reste généralement lettre morte. Principalement dans les campagnes, les rôles d'évaluation préparés et homologués par les conseils municipaux sont généralement bien inférieurs à la valeur réelle des propriétés. En fait, cette pratique de sous-évaluer leurs biens-fonds était rentable puisqu'elle permettait de toucher des subventions plus élevées tant au plan scolaire que municipal.

Le ministère de l'Éducation s'employa à bâtir un indice capable de mesurer la richesse relative des contribuables locaux selon les **différentes** régions de la province. Cet indice, rattaché à la valeur réelle des nouvelles constructions, était plus ou moins artificiel et laissait entier le problème fondamental de l'évaluation des biens-fonds. Ce sont les conseils scolaires régionaux qui réussirent à mettre un peu d'ordre dans cet état de choses. Pour répartir les frais financiers provenant des emprunts, ils acceptaient d'imposer une taxe aux conseils locaux; pour que celle-ci soit juste, il fallut procéder à une réévaluation des biens entre les différents conseils locaux appartenant à une même régionale.

Celle-ci prit l'habitude de retenir les services d'évaluateurs de métier qui, en procédant par échantillonnage, rétablirent l'équilibre entre les membres adhérents en ramenant les rôles d'évaluation à la valeur réelle des propriétés. Mais cette réforme fut lente à opérer et elle reste d'ailleurs à compléter dans plusieurs régions.

A l'époque de l'école de rang, n'importe qui pouvait être conseiller scolaire. Mais depuis que la loi de l'Instruction publique rend les contribuables responsables de l'éducation jusqu'à la fin du secondaire, les budgets se sont gonflés; il a fallu adopter des méthodes administratives, exercer un contrôle financier, préparer un budget et en surveiller l'application. Les administrateurs scolaires, qui pouvaient à la rigueur remplir leur fonction d'une façon convenable sur le plan local, devinrent complètement dépassés par les problèmes soulevés au niveau régional. Il n'est pas exagéré d'affirmer qu'une bonne partie des difficultés qui ont surgi depuis le début de la réforme de l'éducation proviennent de l'impréparation des administrateurs scolaires.

Pendant que les administrateurs scolaires étaient aux prises avec des problèmes qui leur étaient complètement nouveaux, les enseignants renforçaient leurs syndicats et devenaient plus exigeants. Il suffit pour s'en rendre compte de mentionner les chiffres suivants : dans le secteur catholique, le salaire moyen des enseignants laïques passa de $2,998 en 1951 à $6,520 en 1964; chez les femmes, le bond fut encore plus spectaculaire : $1,163 en 1951 contre $4,051 en 1964. Les demandes des enseignants ne s'exprimèrent pas uniquement en termes de traitements. Mieux préparés que leurs prédécesseurs, plus exigeants sur le plan professionnel, ils demandaient de participer aux décisions pédagogiques et d'être des partenaires à part entière dans l'œuvre d'éducation. Il s'ensuivit forcément des conflits nés beaucoup plus de l'incompréhension que de la mauvaise volonté.

J'ai signalé plus haut que l'équipement scolaire a été pratiquement renouvelé deux fois depuis la dernière guerre : construction puis abandon des écoles de rang, construction d'écoles centrales dans les villages. La troisième phase du renouvellement de l'équipement scolaire est amorcée depuis 1967 par la construction d'écoles secondaires polyvalentes. Combien faudra-t-il de centaines de milliers de dollars pour équiper le Québec d'écoles secondaires pouvant offrir aux garçons et aux filles du niveau secondaire toutes les options les conduisant soit au monde du travail, soit aux instituts et à l'université ? La seule Commission des écoles catholiques de Montréal propose un plan quinquennal d'équipement scolaire de 300 millions de dollars. Pour l'ensemble du Québec, c'est probablement un investissement de l'ordre d'un milliard et demi qu'il faudra faire au cours des cinq prochaines années, si le ministère de l'Éducation veut donner suite aux recommandations pédagogiques du Rapport Parent.

Et nous arrivons ici au nœud de tout le problème qui est la répercussion sur le plan financier des recommandations de la Commission royale d'enquête sur l'enseignement. Les structures pédagogiques relativement simples que nous avons connues jusqu'à présent s'inséraient dans des institutions qui contenaient d'abondantes réserves de savoir et qui représentaient des investissements très importants. Avec les recommandations pédagogiques contenues dans le rapport de la Commission, tout le monde se demande ce qu'il adviendra des collèges classiques qui, selon une tradition centenaire, faisaient la charnière entre l'école primaire et l'université. Si ces institutions doivent être mises de côté ou partiellement employées, le fardeau financier exigé des contribuables pour donner suite aux recommandations du rapport sera tellement lourd qu'il risque de compromettre la réforme pédagogique proprement dite.

Et c'est là qu'on voit que la pédagogie d'une part et le financement d'autre part ont des exigences propres et assez souvent contradictoires. Si je me place sur le plan purement pédagogique, je trouve que les recommandations de la Commission royale sont sensées et correspondent aux besoins de la société contemporaine. Si, d'autre part, j'examine la capacité de payer des contribuables québécois sur le plan local et sur le plan provincial, je m'interroge sur la possibilité de réaliser une réforme aussi ambitieuse. Il ne faut tout de même pas perdre de vue que, de 1956 à 1965, le rythme d'accroissement annuel des dépenses scolaires a été de 15.7 pour cent, alors que le produit national brut augmente d'environ 3 pour cent par année au Canada et probablement aussi dans le Québec.

La Commission Parent a calculé d'autre part que les dépenses scolaires passeraient de 899 millions de dollars en 1966 à un milliard six cents millions en 1973. Je suis porté à croire que ces chiffres sont conservateurs. Or, que se produira-t-il si les dépenses pour fins d'éducation augmentent d'une façon aussi vertigineuse alors que la croissance économique continue d'avancer au rythme d'environ 3 pour cent par année ? On peut imaginer plusieurs hypothèses. La première, c'est que les contribuables consentent à se départir, sous forme d'impôts, d'une part plus large de leurs revenus aux fins d'investir dans l'éducation. Mais comme on sait que le contribuable rechigne devant les augmentations d'impôts, une telle opération ne se fera pas sans douleur. On pourra aussi assister à un transfert des ressources fiscales au bénéfice de l'éducation et au détriment des autres fonctions publiques : bien-être social, santé, voirie, aménagement du territoire, expansion économique. Il arrivera aussi – et c'est l'hypothèse la plus probable – que les contribuables préféreront se mentir à eux-mêmes et se donner l'illusion de la prospérité en créant de l'inflation. Mais une inflation particulière au Québec ne conduirait pas très loin, parce qu'elle aboutirait à un déséquilibre des prix et à une montée du chômage.

Quoi qu'on fasse, le Québec ne peut pas avancer plus vite que le reste du pays dans tous les domaines à la fois. Il lui faut faire un choix entre l'essentiel, le nécessaire, le commode et le souhaitable. Dans quelle mesure la population est-elle prête à mettre l'accent sur l'éducation et à consentir les plus grands sacrifices ? Certains événements arrivés au cours de ces derniers mois portent à croire que l'opinion publique est plutôt portée à mettre un frein à ce qui lui paraît être changement trop brusque et fardeau financier trop lourd.

La réforme scolaire est liée aux ressources financières du milieu et elle devra se faire au rythme du progrès économique et de l'évolution de la mentalité.

2
La réforme pédagogique

ALPHONSE-MARIE PARENT, m.s.r.c.

ESSAYER DE PRÉSENTER les structures pédagogiques de l'enseignement au Canada français en 1967, c'est s'attaquer à un sujet pour le moins mouvant. Parler du système d'éducation du Québec, tel que nous l'avons connu il y a vingt et trente ans, serait relativement facile, car ces choses ont été écrites. Disserter sur ce que devrait ou pourrait être notre système d'éducation ne serait pas trop difficile, bien que sujet à discussion, puisque ces futuribles ont également été écrits.

Quelle est aujourd'hui, en 1967, la situation pédagogique ou qu'est-elle en train de devenir ? Car depuis que nous avons un ministère de l'Éducation, soit en mai 1964, de nouvelles structures ont été annoncées et approuvées par le Conseil supérieur de l'éducation même si elles ne sont pas encore mises en place. Vraisemblablement, on peut dire qu'elles se réaliseront tôt ou tard.

STRUCTURES PÉDAGOGIQUES

Les structures pédagogiques, affirme le rapport de la Commission Parent, doivent permettre au système scolaire d'assumer sa responsabilité envers tous les enfants du Québec : développer les aptitudes et les dons de chacun le mieux possible, acheminer chacun vers les cours qui favorisent le mieux son développement, lui évitant tout retard dans ses études, tout blocage, ou toute éjection hors du système scolaire ou hors d'une partie de ce système. Cela suppose une parfaite coordination de tous les éléments du système.

En proposant ces nouvelles structures les commissaires avaient présents à l'esprit les principes suivants :

a) « tout enseignement doit déboucher sur un enseignement de niveau supérieur jusqu'au doctorat inclusivement » ;

b) « aucun enfant ne doit quitter le système scolaire sans avoir reçu une formation professionnelle de très bonne qualité », ainsi que « la meilleure formation générale possible » ;

c) « des années d'études de même niveau et de même durée doivent conduire à des diplômes équivalents » et « des établissements offrant les mêmes études doivent être désignés par un même terme » ;

d) « l'orientation de l'enfant ne doit pas être prématurée ou irréversible », mais au contraire « graduelle et prudente » – d'où la nécessité d'intégrer tous les enseignements d'un niveau donné, qu'ils soient de caractère professionnel ou académique, au sein d'institutions polyvalentes;

e) « le nombre d'années d'études requis entre le début des études élémentaires et l'entrée à l'université doit être identique pour une même discipline dans toutes les universités ».

Ce nombre ayant été fixé à treize, si l'on met à part l'enseignement préscolaire, la Commission a recommandé d'établir un cours élémentaire de six ans, un cours secondaire polyvalent de cinq ans et un cours pré-universitaire et professionnel (on dirait aujourd'hui un cours « collégial ») de deux ans. L'enseignement supérieur est défini comme tout ce qui se donne après la 13e année. Le premier diplôme universitaire est obtenu après trois ou au maximum quatre années d'études universitaires, donc après seize ou dix-sept ans de scolarité. Le doctorat nécessite au moins dix-neuf années de scolarité. L'espoir de la Commission était que les multiples systèmes scolaires existant dans la province, mal reliés les uns aux autres, soient remplacés par un seul système scolaire dont l'éducation permanente fera partie intégrante et auquel l'éducation spéciale – pour les handicapés – s'intégrera le plus possible.

Enseignement préscolaire. Depuis quelques années l'enseignement préscolaire s'est beaucoup développé dans notre province, du côté français bien entendu, car du côté anglais il existait depuis longtemps. Plusieurs conseils scolaires ont maintenant organisé cet enseignement et reçoivent des enfants de cinq ans en attendant de recevoir ceux de quatre ans, comme cela se faisait déjà dans quelques écoles privées qui, forcément, recevaient un nombre très limité d'enfants et faisaient payer assez cher leurs parents. Il reste à savoir si l'enseignement que l'on donne dans ces nouvelles écoles est véritablement le préscolaire. Mais il y aura progrès à mesure que se formeront de véritables spécialistes du préscolaire. Il semble que les candidates à cet enseignement ne manqueront pas.

Enseignement élémentaire. C'est pour répondre, dès le niveau élémentaire, à la nécessité d'éduquer des enfants aux aptitudes très diverses, tout en visant à les développer le plus possible, durant les années de scolarité obligatoire, que la Commission a proposé :

> que le cours élémentaire soit de six ans, divisible en deux cycles de trois ans, le 2ᵉ cycle étant précédé d'une année de rattrapage pour les élèves qui en auraient besoin;
>
> que l'organisation des classes de l'élémentaire tienne compte des divers rythmes d'apprentissage parmi les enfants;
>
> que tous les élèves de l'élémentaire soient promus automatiquement d'un degré à l'autre chaque année, de façon à quitter l'enseignement élémentaire au plus tard à treize ans;
>
> qu'on offre dans l'école secondaire une 7ᵉ année préparatoire pour tous les élèves venus de l'élémentaire qui en auraient besoin.

Qu'a-t-on réalisé du côté de l'élémentaire depuis 1964 ? Au cours de l'année 1965-1966, le règlement numéro 1 du ministère de l'Éducation fut adopté. Son application conduira à une réforme complète des cours élémentaire et secondaire. Dès septembre prochain quelques points de ce règlement seront appliqués : le cours élémentaire continue de durer sept ans pour l'année 1967-1968, mais on pourra le réduire à six ans dans le cas des meilleurs élèves. C'est d'ailleurs ce qui existait déjà. On permettra quelques expériences d'organisation de groupes de travail en fonction du rythme d'apprentissage des élèves. On inscrira à l'école secondaire les élèves de quatorze, quinze et seize ans qui n'ont pas terminé le cours élémentaire, à condition que l'école secondaire puisse leur offrir un enseignement approprié, notamment des cours d'initiation au travail. D'ici quelques années, on peut penser que le cours élémentaire aura pris la forme et l'esprit suggérés par la Commission. Pour cela, il est indispensable que l'on prépare des maîtres, des spécialistes de l'enseignement élémentaire.

Enseignement secondaire. D'une durée de cinq ans (au lieu de quatre) le cours secondaire proposé par la Commission comprend également deux cycles, l'un de deux ans (7ᵉ et 8ᵉ années) qui sera surtout celui de la formation générale; l'autre de trois ans (9ᵉ, 10ᵉ et 11ᵉ années) qui permettra un commencement d'orientation particulière des études. Polyvalente, l'école secondaire dispense tous les enseignements du niveau secondaire : technique, classique, général, scientifique, commercial, agricole. Le remplacement de l'actuel régime des sections par un régime d'options rend possible cette intégration. Ce nouveau régime permettrait de répondre davantage aux goûts et aux aptitudes des élèves, éviterait une orientation prématurée et assurerait à tous un minimum de formation générale. Les principes sur lesquels s'appuie la réforme du secondaire entraînent plusieurs conséquences importantes :

 la disparition des sections;

 l'intégration de l'enseignement technique de niveau secondaire aux autres enseignements secondaires dans un enseignement polyvalent;

 l'instauration d'une liste d'options incluant les matières de l'enseignement classique, de l'enseignement scientifique, de l'enseignement commercial, de l'enseignement des arts et de la musique, de l'enseignement ménager ou familial, de l'enseignement agricole et de l'enseignement technique actuels;

 l'organisation de programmes d'études où s'équilibrent, pour tous les élèves, les matières de base et la formation générale, de même que la formation générale et les matières à option;

 l'obligation pour tous les élèves d'expérimenter par cours-option, durant les 7e et 8e années, les divers modes de connaissance et d'approche du réel, avant de concentrer ensuite leurs options dans une ou plusieurs directions définies;

 l'obligation de faire deux années d'études secondaires générales avant de concentrer les options soit dans des cours d'initiation au travail soit dans des cours de métiers.

La réforme du cours secondaire présente des problèmes plus nombreux et plus complexes que celle du cours élémentaire qu'elle suppose. Cependant, on peut dire qu'elle est déjà entreprise non seulement parce qu'il se construira bientôt un grand nombre d'écoles polyvalentes, mais surtout parce que le même règlement numéro 1 du ministère de l'Éducation, adopté le 14 mai 1965, portait à cinq ans la durée du cours secondaire, soit de la 7e à la 11e année. Mais l'organisation de nouvelles structures ne comprend pas seulement la détermination du nombre d'années. Il faut prévoir une utilisation des nouveaux cadres qui favorise au maximum le développement personnel de chaque enfant. Le titulaire de classe devra être remplacé par un tuteur. La promotion par matière permettra à un élève qui a une faiblesse, mettons en mathématiques, de ne pas être retardé d'une année entière à cause d'une seule discipline et de recevoir un enseignement de rattrapage dans les disciplines où il a le plus de difficultés. Ainsi, un enfant qui a atteint le niveau de la 10e année pour la plupart des matières pourra poursuivre ses études en 9e année, par exemple, pour une discipline où ses résultats sont moins bons; dans les disciplines où il excelle, il pourra se trouver une année ou deux en avance, par exemple être en 10e année pour les mathématiques alors qu'il n'est qu'en 8ᵉ pour le reste. Cette promotion par matière permettra aussi d'estimer les dispositions et les aptitudes de l'élève, de constituer un dossier scolaire où son profil intellectuel, dessiné de plus en plus clairement, aidera à l'orienter plus sûrement, et selon ses dons naturels, vers la carrière qui lui conviendra le mieux.

Une autre étape importante de la réforme du niveau secondaire est le décloisonnement des sections, qui contribuera également à une orientation graduelle plus normale de chaque enfant.

Le règlement numéro 1 accepte toutes les conséquences des nouvelles structures du secondaire qui ont été proposées. Dès 1967-1968, les conseils scolaires peuvent soit maintenir les programmes actuels avec leurs sections, soit adapter un programme intégré comportant l'abolition des sections. Le ministère de l'Éducation autorise également pour la prochaine année la promotion par matière et une meilleure coordination entre les écoles de métiers du ministère et les écoles des conseils scolaires. Nul n'ignore qu'un grand nombre d'écoles de niveau secondaire appartiennent au secteur privé. Elles auront sûrement à accepter les nouvelles structures et le programme qu'elles comportent, que ce soit en collaboration ou non avec le secteur public. Déjà dans certains collèges classiques, ceux de la région de Québec, le cours secondaire était de cinq ans, se terminant après la classe de Belles-Lettres qui porte maintenant le nom plus prosaïque de Secondaire V. Il reste à voir comment ces collèges réussiront à offrir à leurs élèves une certaine polyvalence.

Enseignement « collégial ». La création d'un niveau d'études distinct entre le secondaire et l'universitaire présente des problèmes encore plus nombreux et plus complexes. Le règlement numéro 3 du ministère de l'Éducation essaie de les résoudre et le projet de loi, dit bill 21, a été soumis à l'assemblée législative. Il annonce la création des « collèges d'enseignement général et professionnel ».

La nécessité de donner à l'intérieur d'un système scolaire unifié une formation professionnelle terminale, celle de hausser le niveau des études professionnelles actuellement offertes en 12ᵉ et 13ᵉ années, celle de donner une meilleure préparation générale et spéciale aux étudiants qui vont entrer en faculté, et celle de coordonner les divers enseignements de ce niveau de façon à mieux en utiliser les ressources au profit de la jeunesse de cet âge réclament l'instauration, à ce stade, d'un niveau d'études polyvalent et unifié, professionnel et terminal pour les uns, préuniversitaire pour les autres. Ce sont ces études préuniversitaires et professionnelles qui se donneront dans un établissement que nous avions appelé institut mais que le bill 21 désigne du nom de collège d'enseignement général et professionnel.

Cet enseignement collégial devrait se donner dans des établissements publics et polyvalents, les élèves du technique et les étudiants pré-universitaires y suivant ensemble un certain nombre de cours communs de base. La plus importante peut-être en ce qui concerne les structures de l'enseignement, cette réforme devrait, à ce niveau, uniformiser le moment de l'admission à l'université. Pour ne parler que des universités de langue française, on sait que ce moment d'admission varie selon les facultés, quelques-unes n'admettant que des bacheliers ès arts qui ont quinze ans de scolarité et les autres recevant les élèves de l'école publique après une 12e et même une 11e année, comme le font les universités de langue anglaise.

La création des collèges d'enseignement général et professionnel requiert la coordination d'enseignements très divers qui se donnent présentement dans les collèges classiques, dans les écoles normales, dans les instituts familiaux, dans les instituts de technologie, dans les écoles publiques en ce qui concerne la 12e année et même dans certaines facultés universitaires. Et il faut que ce niveau d'études soit terminal pour les uns et s'ajuste à l'université pour les autres. Il n'est donc pas étonnant que les discussions soient longues et difficiles, que de nombreux comités aient dû être réunis pour discuter des structures administratives et pédagogiques de ces nouveaux collèges, de la collaboration qu'ils pourront obtenir des établissements mentionnés plus haut, Il fallait aussi que les facultés universitaires s'entendent entre elles sur les conditions d'admission des étudiants venant de ces nouveaux collèges. Cette coordination devait d'abord se faire entre les facultés d'un même type – par exemple les diverses facultés des sciences – puis entre toutes les facultés dont les représentants furent convoqués au début de 1967 par le ministre de l'Éducation qui les consulta sur les programmes d'études du niveau collégial qu'avaient élaborés des spécialistes des différentes disciplines.

Ce nouveau réseau de collèges à caractère public inaugurés en 1967 dépendra du ministère de l'Éducation mais jouira aussi, espérons-le, d'une large mesure d'autonomie quant aux programmes, à la nomination des professeurs et aux examens.

La création de toutes pièces d'un réseau de collèges d'enseignement général et professionnel apparaît comme une entreprise d'une telle ampleur qu'il serait illusoire d'envisager de la réaliser pleinement au départ. On prévoit qu'il y aura, dès 1971–1972, 125,000 étudiants inscrits à des études collégiales, sans parler des adultes qui voudront compléter leur formation à ce niveau. Heureusement, bon nombre d'établissements privés ou d'État existent déjà au niveau postsecondaire. C'est avec leur concours et leur participation que le nouvel enseignement collégial pourra s'organiser.

Il n'y a pas de doute qu'entre l'enseignement secondaire qui vient juste d'être défini par le règlement numéro 1 et l'enseignement universitaire l'état actuel du système scolaire présente des incohérences, des chevauchements, des disparités, des vides qui font du niveau postsecondaire une zone grise où les établissements d'enseignement se trouvent dans des situations incertaines et équivoques.

De toute façon, les exigences de l'enseignement à dispenser au niveau collégial pressent les établissements publics aussi bien que privés de se grouper sous une forme ou sous une autre. La croissance des coûts et la pénurie du personnel enseignant qualifié amènent naturellement les institutions à combiner leurs ressources, à partager des services, à échanger des professeurs. Les exigences de l'enseignement universitaire placent les institutions préuniversitaires devant la nécessité de hausser leurs standards, chose impossible à réaliser pour la majorité d'entre elles si chacune demeure isolée. Les établissements d'enseignement professionnel doivent aussi améliorer le calibre des techniciens qu'ils forment. A cette fin, il est essentiel que les enseignants et les étudiants de ces établissements aient accès aux ressources des institutions dites d'enseignement général.

Sans imposer le regroupement, le ministère de l'Éducation met présentement à la disposition des institutions une mission chargée de les renseigner et de les aider à choisir le degré de participation de chacune d'entre elles.

Enseignement supérieur. Y a-t-il présentement, dans le monde, des universités qui ne s'interrogent pas sur la valeur et l'efficacité de leurs structures pédagogiques ? Depuis quelques années, en tout cas, les universités de la province de Québec se posent beaucoup de questions et forment de nombreux comités pour essayer d'y répondre. Le moins qu'on puisse dire c'est qu'à l'intérieur même de nos universités il y a beaucoup d'incohérence dans les structures provenant d'additions qui ont été faites un peu au hasard, pour répondre à toutes sortes de besoins de la société. Cette incohérence se manifeste encore davantage si l'on compare les universités entre elles.

C'est pourquoi notre commission a recommandé que l'on définisse l'enseignement supérieur comme l'ensemble des études qui se situent au delà du diplôme de 13e année. Nous avons aussi recommandé que, pour établir un système ordonné d'études universitaires, le premier grade décerné par toutes les universités du Québec requière au moins trois années d'études ou six semestres complets après le diplôme d'études collégiales et au plus quatre années ou huit semestres; le second grade, une ou deux années supplémentaires d'études et de recherches; le troisième, au moins trois années après le premier diplôme. Nous avons aussi recommandé que dans toutes les universités du Québec l'obtention des grades de même niveau dans une même discipline requière des études de même durée.

L'application de ces deux recommandations serait déjà un grand pas vers la clarification des structures pédagogiques de nos universités.

AUTRES RÉFORMES EN PERSPECTIVE

L'admission à l'université seulement après la 13e année, mais dans toutes les facultés après la 13e année, serait un autre pas à franchir d'ici quelques années. Il faudra se défaire aussitôt que possible de certains enseignements des 12e et 13e années, dès que d'autres organismes pourront les assumer de façon satisfaisante.

Mais restent bien d'autres réformes à accomplir dans nos universités. La recherche, qui se développe heureusement de plus en plus et qui souvent est interdisciplinaire, pose des problèmes de structure. L'enseignement lui-même, encadré dans des facultés trop séparées les unes des autres, pose aussi des problèmes de structure parce qu'il ne répond plus aux besoins réels des étudiants et à la préparation professionnelle qu'ils cherchent à acquérir. Les facultés de médecine étudient présentement leurs structures qui paraissaient bien inchangeables il y a quelques années. Toute l'université fait un sérieux examen de conscience pédagogique qui pourrait bien conduire à de profondes modifications. Souhaitons-les, si elles doivent mettre davantage nos universités au service de la société, au service des jeunes et même des moins jeunes.

L'éducation permanente qui est en train de s'implanter dans notre province s'accommodera sûrement de cette réforme du niveau collégial et de l'enseignement supérieur; il en sera de même pour le secteur de la formation des maîtres et celui du perfectionnement des enseignants s'ils doivent tous deux être davantage la responsabilité des universités.

Que peut-on conclure en cette année 1967 ? Que le Canada français est engagé dans une révision profonde du système d'enseignement à tous les niveaux, visant à l'adapter le mieux possible aux besoins d'une population scolaire diversifiée, en ne sacrifiant en rien la qualité de la formation à laquelle chacun a droit. A ces nouvelles structures devront correspondre de meilleurs programmes et de meilleurs maîtres.

3
La démographie religieuse

RICHARD ARÈS, M.S.R.C.

AU RISQUE DE MANQUER aux règles classiques de tout bon exorde, je commence par signaler trois points faibles de la présente étude.

Point faible provenant d'abord de l'auteur, lequel en matière de démographie n'est pas un spécialiste. Il lui est bien arrivé de publier quelques articles à la suite des recensements fédéraux, mais c'était du travail d'amateur, non de professionnel.

Point faible provenant, en second lieu, de l'objet même de l'étude demandée. Le Canada français est une réalité difficile à cerner, même si on le borne, pour raison de commodité, au Québec. Du point de vue démographique, il ne suffit pas de le définir comme l'ensemble des Canadiens français; il faut encore préciser s'il s'agit de l'origine ethnique ou de la langue maternelle, car il y a des Canadiens d'origine française qui ne savent plus le français et des Canadiens de langue maternelle française qui ne sont pas d'origine française. Lesquels ici faut-il considérer comme faisant partie du Canada français ? Quels que soient nos goûts et nos désirs, nous dépendons entièrement des sources à notre disposition.

Ces sources – et c'est le troisième point faible à signaler – sont soit incomplètes, soit peu sûres. Les recensements fédéraux, par exemple, fournissent une multitude de renseignements sur les Canadiens d'origine française et sur les Canadiens de langue maternelle française, mais ils n'établissent pas la comparaison entre la langue parlée et la religion déclarée, alors qu'ils le font entre l'origine ethnique et la religion. Il faut donc bon gré mal gré nous borner à ce point de vue et réduire en conséquence le Canada à l'ensemble des Canadiens d'origine française. De plus, à qui veut étudier la répartition entre clercs et laïcs au Canada français, les statistiques fédérales ne peuvent être de grande utilité; elles considèrent tout sous l'aspect de l'emploi, de la main-d'œuvre et se bornent à des données très générales. C'est ainsi, par exemple, que, selon le recensement de 1961, il n'existe au Canada que 7,237 religieuses, dont 1,465 d'origine française, alors que la Conférence religieuse canadienne en dénombrait 65,248 en 1965. Est-ce à dire qu'un neuvième seulement des religieuses font partie de la main-d'œuvre canadienne ? Si oui, pourquoi ?

De toute façon, les statistiques fédérales ont besoin d'être complétées. Mais les autres sources, comme *le Canada ecclésiastique*, les annuaires diocésains, les Conférences catholique et religieuse d'Ottawa, sont loin d'être aussi sûres que les recensements fédéraux. On n'y trouve assez souvent que des approximations et, quand il est question de Canadiens français, c'est toujours dans le sens de Canadiens de langue et non d'origine française, ce qui rend difficiles les comparaisons avec les statistiques fédérales.

En dépit de ces difficultés et de ces faiblesses, on peut arriver à établir une certaine démographie religieuse du Canada français. Voici, à titre de simple essai en la matière, quelques données fournies d'abord par le recensement fédéral de 1961, puis par les sources ecclésiastiques catholiques.

I. LES DONNÉES RELIGIEUSES DU RECENSEMENT DE 1961

En utilisant les données du recensement de 1961, il est possible d'établir au moins deux séries de tableaux, la première se rapportant aux milieux politiques, la seconde, aux milieux sociologiques où vivent les Canadiens français.

A. *Les milieux politiques*

Par milieux politiques, j'entends le Canada et ses provinces, tout spécialement le Québec. Considérons tout d'abord l'ensemble des Canadiens d'origine française, sans distinction de provinces, et voyons à quelle religion ils ont déclaré appartenir en 1961 (tableau 1). Il y a des Canadiens français dans toutes les confessions religieuses : par exemple, 1,800 se déclarent mennonites et 1,276 appartiennent à la religion judaïque, mais l'immense masse, soit cinq millions 315,000 sur cinq millions 540,000, c'est-à-dire 95.9 pour cent, se réclament de la religion catholique. Sur les 224,809 non-catholiques parmi eux, 193,541, soit 86 pour cent, ont déclaré appartenir aux six principales religions protestantes, c'est-à-dire à l'Église-Unie et aux Églises anglicane, baptiste, presbytérienne, luthérienne et pentecostale. En somme, pour tout le Canada, la proportion des Canadiens d'origine française à se déclarer chrétiens s'élève à plus de 99 pour cent.

Il serait évidemment trop long de présenter un tableau détaillé de la

TABLEAU 1

L'APPARTENANCE RELIGIEUSE DES CANADIENS D'ORIGINE
FRANÇAISE POUR TOUT LE CANADA, EN 1961

Religion	Nombre	%
Catholique romaine	5,315,537	95.9
Église-Unie	87,485	1.6
Église anglicane	59,796	1.1
Baptiste	16,838	0.3
Presbytérienne	16,623	0.3
Luthérienne	7,524	0.1
Pentecostale	5,275	0.1
Mennonite	1,800	–
Ukrainienne (grecque) catholique	1,615	–
Judaïque	1,276	–
Grecque orthodoxe	819	–
Autres	25,758	0.5
TOTAL	5,540,346	100.0

situation religieuse des Canadiens français dans chacune des provinces du Canada, mais il faut le faire pour le Québec, principal foyer du Canada français. Afin de donner tout de même quelque idée de la situation hors du Québec, j'inclus dans un même tableau (tableau 2), d'une part, les statistiques concernant les Franco-Québécois et, d'autre part, celles qui se rapportent aux Canadiens français des neuf autres provinces prises en bloc. Ce tableau permet d'intéressantes comparaisons. Tout d'abord, les Canadiens français se déclarent catholiques en beaucoup plus grande proportion au Québec que dans les autres provinces : 99.1 pour cent au Québec,

TABLEAU 2

L'APPARTENANCE RELIGIEUSE DES CANADIENS D'ORIGINE FRANÇAISE, EN 1961

Religion	Au Québec Nombre	%	Hors du Québec Nombre	%
Catholique romaine	4,205,633	99.1	1,111,904	85.6
Église anglicane	9,768	0.2	50,028	3.9
Église-Unie	9,154	0.2	78,331	6.1
Presbytérienne	4,465	0.1	12,158	0.9
Baptiste	2,496	0.1	14,342	1.1
Pentecostale	1,701	0.1	3,574	0.3
Judaïque	868	–	408	–
Luthérienne	535	–	6,989	0.5
Ukrainienne (grecque) catholique	489	–	1,126	0.1
Grecque orthodoxe	423	–	396	–
Mennonite	11	–	1,789	0.1
Autres	7,811	0.2	17,947	1.4
TOTAL	4,241,354	100.0	1,298,992	100.0

95.9 pour cent dans tout le Canada et seulement 85.6 pour cent dans l'ensemble des neuf autres provinces. Le Québec ne compte que 57,721 Franco-Québécois non catholiques, alors que les autres provinces ensemble ont un nombre de Canadiens français non catholiques qui s'élève à 187,088, soit à 5 fois plus. Or, il y a environ quatre fois plus de Canadiens français au Québec que dans toutes les autres provinces réunies. Tout semble donc indiquer qu'en dehors du Québec les Canadiens français abandonnent davantage la religion catholique et passent en beaucoup plus grand nombre aux religions protestantes. Ainsi, par exemple, l'Église anglicane n'a que 9,768 adhérents canadiens-français au Québec et elle en compte 50,028 hors du Québec; de même, l'Église-Unie en compte 9,154 au Québec et 78,331 hors du Québec. Pour l'Église baptiste, ces chiffres sont respectivement de 2,496 et 14,342; et pour l'Église luthérienne, ils sont de 535 et 6,989. Deux religions seulement – si l'on excepte le catholicisme – comptent plus d'adhérents canadiens-français au Québec que hors du Québec : la religion judaïque et la religion grecque orthodoxe. La première compte 868 Canadiens d'origine française au Québec et seulement 406 hors du Québec; la seconde, 425 au Québec et 396 dans toutes les autres provinces réunies.

Les Canadiens français adhèrent, à plus de 99 pour cent, à une religion chrétienne, c'est-à-dire, en pratique, au catholicisme et aux religions protestantes. Si l'on prend les six plus importantes de ces dernières : Église-Unie, Églises anglicane, presbytérienne, baptiste, luthérienne et pentecostale, et si l'on compare le pourcentage d'adhérents canadiens-français qu'elles ont en bloc au pourcentage retenu par le catholicisme, on a les résultats du tableau 3 dans chacune des provinces du Canada,

TABLEAU 3

POURCENTAGE DE CATHOLIQUES ET DE PROTESTANTS CHEZ
LES CANADIENS D'ORIGINE FRANÇAISE, PAR PROVINCE,
EN 1961

Province et territoires	Catholiques	Protestants
Québec	99.1	0.6
Nouveau-Brunswick	96.9	2.8
Île-du-Prince-Édouard	96.0	3.6
Manitoba	88.1	10.5
Ontario	85.3	13.1
Saskatchewan	83.7	14.3
Terre-Neuve	82.6	15.8
Yukon et Nord-Ouest	82.5	17.3
Nouvelle-Écosse	81.7	17.3
Alberta	76.2	20.5
Colombie	62.4	31.7
CANADA	95.9	3.5

celles-ci étant classées selon un ordre décroissant par rapport à leur pourcentage de catholiques et croissant par rapport à leur pourcentage de protestants. Sauf dans deux provinces, l'Alberta et la Colombie, les Canadiens d'origine française se déclarent catholiques dans une proportion de plus de 80 pour cent, proportion qui s'élève à plus de 95 pour cent dans trois provinces : l'Île-du-Prince-Édouard, le Nouveau-Brunswick et le Québec. Il est à noter aussi que, sauf en Colombie, presque tous les Canadiens français qui ne sont pas catholiques se déclarent protestants, c'est-à-dire qu'ils n'adhèrent qu'en très petit nombre aux religions qui ne dérivent pas du christianisme.

Dernière remarque inspirée de ce tableau : la proportion catholique au Québec est très forte, mais va diminuant dans les autres provinces, particulièrement en Colombie où elle descend à 62.4 pour cent. Il semble donc qu'un milieu homogène aide les Canadiens français à se conserver, du moins à se déclarer catholiques. Le cas de l'Île-du-Prince-Édouard démontre, cependant, que cette règle n'est pas universelle, car les Canadiens d'origine française continuent à y afficher une très forte majorité de catholiques, soit 96 pour cent, même si la proportion de ceux qui ont conservé leur langue maternelle n'est plus que de 44.5 pour cent.

B. *Les milieux sociologiques*

Voilà quelques résultats pour les milieux politiques. Les données du recensement nous permettent d'aborder aussi certains milieux sociologiques, plus précisément les milieux urbain, rural agricole et rural non agricole, le premier comprenant les cités, villes et villages de 1,000 habitants et plus, le second, les fermes d'une acre ou plus « dont les ventes de produits agricoles avaient atteint cinquante dollars ou plus », et le troisième, ce qui ne se trouve pas compris dans la définition des deux autres.

Si l'on considère le Canada français dans son entier, c'est-à-dire l'ensemble des cinq millions 340,346 citoyens d'origine française, on voit qu'il est devenu fortement urbanisé. Plus précisément, la situation se présente ainsi : trois millions 778,581 Canadiens français, soit 68.2 pour cent, habitent en milieu urbain; un million 85,808, soit 19.6 pour cent, en milieu rural non agricole; et seulement 675,957, soit 12.2 pour cent, se maintiennent encore en milieu rural agricole.

Ces différents milieux influent-ils sur la religion déclarée par les Canadiens d'origine française lors du recensement de 1961 ? Voici, en un seul tableau (tableau 4), le nombre et le pourcentage de Canadiens d'origine française qui, pour chacun de ces trois milieux, ont déclaré adhérer aux principales religions du pays. Il ne semble pas que le milieu

TABLEAU 4

RELIGION DES CANADIENS D'ORIGINE FRANÇAISE EN 1961, POUR TOUT LE CANADA SELON LES MILIEUX

Religion	Milieu urbain Nombre	%	Milieu rural non agricole Nombre	%	Milieu rural agricole Nombre	%
Catholique romaine	3,623,960	95.9	1,034,258	95.2	657,319	97.2
Église-Unie	59,263	1.6	20,118	1.8	8,104	1.2
Église anglicane	43,124	1.2	13,850	1.2	2,822	0.4
Presbytérienne	12,587	0.3	2,878	0.2	1,158	0.1
Baptiste	10,312	0.3	5,014	0.4	1,502	0.2
Luthérienne	4,901	0.1	1,777	0.1	846	0.1
Pentecostale	3,417	0.1	1,391	0.1	467	—
Judaïque	1,252	—	17	—	7	—
Ukrainienne (grecque) catholique	843	—	355	—	417	—
Grecque orthodoxe	704	—	68	—	47	—
Mennonite	293	—	456	—	1,051	0.1
Autres	17,925	0.5	5,626	0.5	2,207	0.3
TOTAL	3,778,581	100.0	1,085,808	100.0	675,957	100.0

exerce une influence déterminante sur la religion déclarée : le pourcentage de catholiques, par exemple, est plus élevé en milieu rural agricole qu'en milieu urbain, mais de très peu. Les religions protestantes ont, en général, un meilleur pourcentage d'adhérents canadiens-français en milieu urbain ou en milieu rural non agricole, le judaïsme sur ce point l'emportant sur toutes les autres, puisqu'il compte 1,252 adhérents en milieu urbain, dix-sept en milieu rural non agricole et sept seulement en milieu rural agricole. Par contre, les Canadiens français de religion mennonite sont au nombre de 1,051 en milieu rural agricole, de 456 en milieu rural non agricole et de 293 en milieu urbain.

Il serait évidemment possible de reprendre de pareils calculs pour chacune des provinces canadiennes, mais cela nous mènerait trop loin pour le moment. Avant d'en venir au Québec, voyons tout de même au passage la situation religieuse des Canadiens français dans la capitale fédérale, Ottawa (v. tableau 5). Le pourcentage de catholiques est plus

TABLEAU 5

RELIGION DES CANADIENS D'ORIGINE FRANÇAISE, EN 1961, À OTTAWA

Religion	Zone métropolitaine Nombre	%	Cité Nombre	%
Catholique romaine	169,025	96.3	63,859	93.3
Église anglicane	2,222	1.2	1,617	2.3
Église-Unie	2,214	1.2	1,656	2.4
Presbytérienne	547	0.3	397	0.6
Baptiste	448	0.2	320	0.4
Luthérienne	230	0.1	144	0.2
Pentecostale	67	–	45	–
Ukrainienne (grecque) catholique	61	–	32	–
Judaïque	32	–	29	–
Grecque orthodoxe	14	–	13	–
Mennonite	0	–	0	–
Autres	514	0.3	347	0.5
TOTAL	175,374	100.0	68,459	100.0

élevé dans la zone métropolitaine que dans la cité proprement dite, mais, par contre, les religions protestantes comptent un pourcentage deux fois plus considérable de Canadiens français dans la cité elle-même que dans la zone métropolitaine. En d'autres termes, les Canadiens français sont proportionnellement moins catholiques et plus protestants dans la cité que dans la zone métropolitaine.

Si l'on en vient maintenant à la province de Québec, voici comment se partagent les quatre millions 241,354 Québécois d'origine française : trois millions 8,939, soit 70.9 pour cent, vivent en milieu urbain, 699,926,

TABLEAU 6

RELIGION DES QUÉBÉCOIS D'ORIGINE FRANÇAISE, EN 1961, SELON LES MILIEUX

Religion	Milieu urbain Nombre	%	Milieu rural non agricole Nombre	%	Milieu rural agricole Nombre	%
Catholique romaine	2,979,622	99.0	693,901	99.1	550,110	99.6
Église anglicane	7,561	0.2	1,755	0.2	472	0.1
Église-Unie	7,128	0.2	1,455	0.2	571	0.1
Presbytérienne	3,559	0.1	537	0.1	369	0.1
Baptiste	1,483	—	685	0.1	328	—
Pentecostale	1,393	—	229	—	79	—
Judaïque	859	—	9	—	0	—
Luthérienne	494	—	61	—	30	—
Grecque orthodoxe	388	—	14	—	12	—
Ukrainienne (grecque) catholique	284	—	115	—	90	—
Mennonite	10	—	1	—	0	—
Autres	6,208	0.2	1,175	0.2	428	0.1
TOTAL	3,008,939	100.0	699,926	100.0	532,489	100.0

soit 16.5 pour cent, en milieu rural non agricole, et 532,489, soit 12.5 pour cent, en milieu rural agricole. Les Franco-Québécois, dont on a répété qu'ils avaient une vocation agricole, en sont là : 12.5 pour cent d'entre eux seulement vivent sur des fermes. Leur milieu de vie influence-t-il leur adhésion religieuse ? Voici (tableau 6) quelle était la situation en 1961 pour les trois milieux de vie déjà mentionnés. Dans les trois milieux : urbain, rural non agricole et rural agricole, les Franco-Québécois se déclarent encore à 99 pour cent de religion catholique, le pourcentage étant un peu plus élevé en milieu rural agricole. Ce dernier milieu est si massivement catholique que, sur 532,489 habitants, toutes les autres religions n'y comptent qu'environ 2,000 adhérents. De même, en milieu urbain, la proportion n'est guère plus élevée : sur plus de trois millions de Franco-Québécois, on n'en compte que 29,317 à ne pas se déclarer de religion catholique. Un détail au passage : sur les 868 Franco-Québécois de religion judaïque, 859 vivent en milieu urbain, 9 en milieu rural non agricole et aucun en milieu rural agricole.

Qu'en est-il maintenant de la situation religieuse des Canadiens d'origine française dans la région de Montréal ? Distinguons la zone métropolitaine où ils sont un million 353,480 et la cité proprement dite où leur nombre s'élève à 793, 599. Voici (tableau 7) la religion qu'ils ont décla-

TABLEAU 7

RELIGION DES MONTRÉALAIS D'ORIGINE FRANÇAISE, EN 1961

Religion	Zone métropolitaine Nombre	%	Cité Nombre	%
Catholique romaine	1,332,315	98.5	783,411	98.7
Église anglicane	5,538	0.4	2,337	0.3
Église-Unie	5,086	0.3	1,869	0.2
Presbytérienne	2,504	0.2	1,361	0.2
Pentecostale	1,013	0.1	549	0.1
Baptiste	938	0.1	444	–
Judaïque	858	–	540	0.1
Luthérienne	366	–	189	–
Grecque orthodoxe	339	–	228	–
Ukrainienne (grecque) catholique	192	–	118	–
Mennonite	9	–	2	–
Autres	4,342	0.3	2,551	0.4
TOTAL	1,353,480	100.0	793,599	100.0

rée, en 1961, dans l'un et dans l'autre cas. Même à Montréal, les Canadiens d'origine française se déclarent encore catholiques dans la proportion de plus de 98 pour cent. Les six principales religions protestantes ne comptent ensemble, chez les Montréalais d'origine française, qu'un peu plus de

TABLEAU 8

APPARTENANCE CATHOLIQUE ET FRANÇAISE DES HABITANTS DES QUINZE PRINCIPALES VILLES DU QUÉBEC, EN 1961

Ville	Population totale	Population catholique Nombre	%	Population française Nombre	%	Population catholique française Nombre	%
1. Chicoutimi	31,657	31,399	99.2	30,852	97.5	30,817	99.8
2. Québec	171,979	169,140	98.4	162,903	94.3	161,695	99.7
3. Shawinigan	32,169	31,392	97.6	30,791	95.7	30,670	99.6
4. Trois-Rivières	53,477	52,056	97.3	50,670	94.7	50,462	99.6
5. Hull	56,929	54,825	96.3	50,908	89.5	50,643	99.5
6. Granby	31,463	29,686	94.4	28,751	91.6	28,513	99.2
7. Sherbrooke	66,554	61,092	91.8	58,259	87.5	57,783	99.2
8. Jacques-Cartier	40,807	35,587	94.5	36,497	89.4	35,983	98.9
9. Montréal	1,191,062	972,698	81.7	793,599	66.6	783,411	98.7
10. LaSalle	30,904	22,283	72.1	16,916	54.7	16,586	98.7
11. Saint-Michel	55,878	50,877	90.9	38,530	68.8	37,983	98.5
12. Lachine	36,630	26,015	71.1	20,894	57.1	20,463	98.0
13. Outremont	30,753	17,729	57.6	14,731	47.9	14,409	98.0
14. Verdun	78,317	56,743	72.4	45,442	58.0	44,493	97.9
15. Saint-Laurent	49,805	28,450	57.1	20,893	41.9	20,249	97.0

15,000 adhérents dans la zone métropolitaine et qu'environ 7,000 dans la cité proprement dite, alors que le catholicisme en compte un million 332,315 dans la zone métropolitaine et 783,411 dans la cité. Un détail à signaler : sur les 859 Québécois d'origine française appartenant à la religion judaïque et vivant en milieu urbain, 858 habitent la zone métropolitaine de Montréal.

Terminons cette première partie par un tableau montrant la situation catholique et française dans les quinze principales villes de la province de Québec. Le tableau 8 donne, pour chacune de ces villes, d'abord la population totale, puis la population catholique, puis la population française et enfin la population catholique d'origine française. Les pourcentages indiqués se rapportent, pour la population catholique et la population d'origine française, à la population totale des villes et, pour la population catholique d'origine française, à la population catholique dans chaque ville. L'ordre adopté est celui du plus haut pourcentage catholique conservé par la population d'origine française. Chicoutimi vient au premier rang sur les trois fronts à la fois : celui de la population catholique, celui de la population française et celui de la population catholique d'origine française; Québec suit de près, tout en étant proportionnellement moins français que Shawinigan et Trois-Rivières. Dans ces quinze principales villes du Québec, le pourcentage de la population catholique d'origine française ne descend pas au-dessous de 97, même à Montréal et dans les villes environnantes où, pourtant, le pourcentage de la population française descend, par exemple, jusqu'à 41.9 dans Ville-Saint-Laurent, et où celui de la population catholique n'est que de 57.6 dans Outremont.

Voilà, à peu près, tout ce que l'on peut tirer des statistiques du recensement fédéral concernant la situation religieuse des Canadiens français. Il serait certes possible d'aller plus loin dans les détails; par exemple, d'établir le pourcentage d'hommes et de femmes pour chaque religion dans tout le pays et dans chacune des provinces, mais les différences sont tellement faibles que ce travail comporte peu d'intérêt pour notre étude globale du Canada français. Mieux vaut recourir aux autres sources à notre disposition, notamment au *Canada ecclésiastique* et aux chiffres fournis par le secrétariat de la Conférence catholique canadienne.

II. LES DONNÉES DES AUTRES SOURCES

Les autres sources à notre disposition, comme *le Canada ecclésiastique* et les compilations des Conférences catholique et religieuse, ont ceci de particulier qu'elles ne nous renseignent que sur l'aspect catholique du Canada français. C'est déjà beaucoup, mais ce n'est pas tout. Elles nous

TABLEAU 9
ORGANISATION ET RÉPARTITION DES MEMBRES DE L'ÉGLISE CATHOLIQUE AU CANADA, SELON LES SECTEURS LINGUISTIQUES, EN 1966

	Secteur français Nombre	%	Secteur anglais Nombre	%	Total
Population catholique	5,391,110	66	2,777,029	34	8,168,139
Provinces ecclésiastiques	7	50	7	50	14
Diocèses	36	57	27	43	63
Évêques	55	61	35	39	90
Paroisses et missions	2,738	45	3,268	55	6,006
Prêtres diocésains	6,462	71	2,610	29	9,072
Prêtres religieux	4,223	71	1,683	29	5,906
Frères	5,771	91	573	9	6,344
Sœurs	40,616	78	11,525	22	52,141

permettent, en revanche, de nous faire une idée du nombre d'évêques, de prêtres, de religieux et de religieuses dans chaque diocèse. Voici, par exemple, d'après les statistiques fournies par la Conférence catholique canadienne, un aperçu général de l'organisation et de la répartition des membres de l'Église catholique au Canada, selon les secteurs linguistiques, pour l'année 1966 (tableau 9). Ce tableau ne tient compte que des secteurs français et anglais. Le Canada catholique comprend, en outre, une province ecclésiastique ukrainienne formée de quatre diocèses ou éparchies et un vicariat militaire, lequel comptait en 1966, sans distinction de langue, 90 paroisses, 108,000 catholiques, 78 prêtres diocésains, 37 prêtres religieux, aucun frère et 25 sœurs.

Le secteur français compte donc à lui seul les deux tiers des catholiques canadiens, la moitié des provinces ecclésiastiques, 36 diocèses sur 63, soit 57 pour cent, 55 évêques sur 90, soit 61 pour cent, 10,685 prêtres tant diocésains que religieux, soit 71 pour cent, 5,771 frères sur 6,346, soit 91 pour cent, et 40,616 sœurs sur 52,141, soit 78 pour cent.

Ces mêmes statistiques nous permettent une autre comparaison entre les deux principaux secteurs linguistiques du Canada catholique. En divisant le nombre de catholiques dans chaque secteur par le nombre de provinces ecclésiastiques, de diocèses, d'évêques, etc., nous savons combien il y a de catholiques, dans chaque secteur, par province ecclésiastique, diocèse, évêque, paroisse, prêtre diocésain, prêtre religieux, frère et sœur (tableau 10). Comme on le voit, il y a beaucoup plus de catholiques par province ecclésiastique, diocèse, évêque et par paroisse dans le secteur français que dans le secteur anglais. Mais le contraire existe pour les autres catégories : le secteur français et le secteur anglais comptent, le premier, un prêtre diocésain pour 834 catholiques, le second, un pour 1,064; le premier, un prêtre religieux pour 1,276 catholiques, le second, un pour 1,650; le premier, un frère pour 934 catholiques, le second, un

TABLEAU 10

NOMBRE DE CATHOLIQUES PAR DIVISION ET PROFESSION ECCLÉSIASTIQUES, DANS LES DEUX SECTEURS LINGUISTIQUES, AU CANADA, EN 1966

Division et profession	Secteur français	Secteur anglais
Par province ecclésiastique	770,158	396,718
Par diocèse	149,753	102,853
Par évêque	98,020	79,343
Par paroisse et mission	1,969	849
Par prêtre diocésain	834	1,064
Par prêtre religieux	1,276	1,650
Par frère	934	4,846
Par sœur	133	421

SOURCE: C.C.C., Ottawa.

pour 4,846; le premier, une sœur pour 133 catholiques, le second, une pour 421.

Le Québec

Si nous passons maintenant au Québec, nous y trouvons quatre provinces ecclésiastiques (Montréal, Québec, Rimouski et Sherbrooke), dix-huit diocèses de langue française, des parties de deux diocèses (Pembroke et Timmins) et de deux vicariats apostoliques (Baie de James et Labrador) couvrant un territoire commun soit avec l'Ontario, soit avec Terre-Neuve.

Pour la plupart de ces diocèses, la proportion de la population catholique par rapport à la population totale, en 1964, est donnée au tableau 11.

TABLEAU 11

NOMBRE ET POURCENTAGE DE CATHOLIQUES DANS LES DIOCÈSES DU QUÉBEC

Diocèse	Population totale	Population catholique	%
Sainte-Anne	90,567	90,522	99.9
Rimouski (1963)	192,195	191,536	99.4
Chicoutimi	257,414	255,788	99.3
Québec	690,213	683,914	99.1
Nicolet	149,968	148,068	98.8
Trois-Rivières	241,182	237,830	98.6
Mont-Laurier	66,128	65,012	98.3
Hauterive	73,287	71,394	97.4
Saint-Hyacinthe	242,320	229,012	94.5
Gaspé	111,605	99,790	89.4
Saint-Jérôme	155,597	138,144	88.7
Sherbrooke	224,800	199,145	88.6
Saint-Jean	242,104	209,603	86.5
Valleyfield	132,868	114,748	86.4

SOURCE: *Le Canada ecclésiastique*, 1964 et 1967. Pour les diocèses d'Amos, de Hull, de Joliette et de Montréal, cette publication ne donne pas le chiffre de la population totale.

C'est le diocèse de Sainte-Anne-de-la-Pocatière qui se révèle proportionnellement le plus catholique, et celui de Valleyfield, le moins catholique : 99.9 pour cent d'une part et 86.4 pour cent d'autre part. Quatre diocèses ont un pourcentage de catholiques de plus de 99, sept de plus de 98. Reste à déterminer, à l'aide de ces chiffres, la proportion de catholiques de langue française. Le tableau 12 nous renseigne pour dix diocèses. Les

TABLEAU 12

NOMBRE ET POURCENTAGE DES CATHOLIQUES DE LANGUE FRANÇAISE DANS DIX DIOCÈSES DU QUÉBEC, EN 1967

Diocèse	Population catholique	Catholiques de langue française	%
Rimouski	191,536	191,067	99.7
Nicolet	148,068	147,364	99.5
Québec	683,914	676,620	98.9
Trois-Rivières	237,830	235,015	98.8
Saint-Hyacinthe	229,012	225,463	98.4
Sherbrooke	199,145	194,107	97.5
Mont-Laurier	65,012	63,332	97.5
Hauterive	71,394	67,351	94.3
Gaspé	99,790	93,868	94.1
Montréal	1,348,870	1,170,855	86.9

SOURCE: *Le Canada ecclésiastique*, 1967. Pour les huit diocèses d'Amos, Hull, Joliette, Sainte-Anne, Saint-Jean, Saint-Jérôme, Valleyfield et Chicoutimi, il n'existe pas de statistiques complètes aux fins du présent tableau.

deux diocèses où le pourcentage des catholiques de langue française est le plus élevé – plus de 99 – sont Rimouski et Nicolet. Québec, Trois-Rivières et Saint-Hyacinthe suivent de très près, avec plus de 98 pour cent. Montréal, lui, ne présente un pourcentage que de 86.9 : le diocèse compte, en effet, 101,478 catholiques de langue anglaise et 76,537 qui parlent d'autres langues, dont 55,831 Italiens et 8,006 Polonais.

Grâce aux statistiques fournies par la Conférence catholique canadienne, on peut calculer le nombre, non seulement de catholiques, mais de prêtres tant diocésains que religieux par diocèse, du moins pour les dix-huit diocèses complets au Québec, car il n'est pas facile d'établir des statistiques précises pour la partie québécoise des diocèses de Timmins et de Pembroke et des vicariats apostoliques de la Baie de James et du Labrador (v. tableau 13). Les diocèses de Montréal et de Québec groupent près de la moitié des catholiques et des prêtres du Québec. Seul le diocèse de Montréal compte un plus grand nombre de prêtres religieux (1,528) que de prêtres diocésains (922); celui de Québec, par contre, a deux fois plus de prêtres diocésains que de prêtres religieux : 1,060 et 500. Un diocèse comme celui de Sainte-Anne-de-la-Pocatière ne compte que sept prêtres religieux.

Il peut être intéressant, à partir de ces chiffres, de comparer la propor-

TABLEAU 13

NOMBRE DE CATHOLIQUES ET DE PRÊTRES (DIOCÉSAINS ET RELIGIEUX) PAR DIOCÈSE, AU QUÉBEC, EN 1966

Diocèse	Catholiques	Prêtres diocésains	Prêtres religieux	Total
Montréal	1,348,870	922	1,528	2,450
Québec*	715,250	1,060	500	1,560
Sherbrooke†	195,867	412	145	557
Chicoutimi	256,702	338	135	473
Saint-Hyacinthe	239,442	331	95	426
Trois-Rivières	241,380	299	106	405
Rimouski	180,936	309	59	368
Saint-Jean	245,155	218	133	351
Nicolet	153,311	296	34	330
Saint-Jérôme	143,895	157	127	284
Joliette	103,859	187	61	248
Valleyfield	118,333	171	72	243
Hull	127,770	130	112	242
Sainte-Anne	90,465	229	7	236
Amos	93,591	140	26	166
Mont-Laurier	65,897	108	48	156
Gaspé	98,598	125	20	145
Hauterive	83,190	70	37	107
TOTAL	4,502,511	5,502	3,245	8,747

SOURCE: *Le Canada ecclésiastique*, 1967.
*Dans l'annuaire général de l'archidiocèse de Québec pour l'année 1967, on lit ce qui suit : « La population totale de l'archidiocèse, à la fin de 1965, était de 716,864 âmes, dont 702,301 catholiques de langue française et 8,120 catholiques de langue anglaise. L'archidiocèse dispose de 1,050 prêtres séculiers et de 513 réguliers. Il existe 35 congrégations religieuses masculines et 46 communautés féminines. A ce nombre s'ajoutent 13 instituts séculiers. »
†SOURCE: C.C.C., Ottawa.

tion de prêtres diocésains et celle de prêtres religieux dans chaque diocèse. Le tableau 14 montre comment la situation se présentait en 1966. Seul le diocèse de Montréal compte un pourcentage minoritaire de prêtres diocésains, alors que Sainte-Anne a un clergé composé de 97 pour cent de prêtres diocésains. La moyenne de la province est, pour le clergé séculier, de 63.3, et pour le clergé régulier, de 36.7. Nicolet, Gaspé, Amos et Rimouski ont un clergé formé à plus de 80 pour cent de prêtres diocésains.

Les statistiques du tableau 13 nous permettent d'établir, pour chaque diocèse, le nombre de catholiques par prêtre, tant diocésain que religieux (v. tableau 15). Il y a donc, en moyenne au Québec, un prêtre diocésain pour 818 catholiques, un prêtre religieux pour 1,388 catholiques et, au total, un prêtre pour 515 catholiques. De ce dernier point de vue, c'est Sherbrooke qui apparaît le mieux partagé : un prêtre pour 352 catholiques, et Hauterive, le plus défavorisé : un prêtre pour 776 catholiques. Si l'on ne considère que le clergé diocésain, Sainte-Anne présente la meilleure moyenne : un prêtre pour 395 catholiques, et Montréal, la plus basse : un prêtre pour 1,469 catholiques. Les diocèses de Saint-Jean et

TABLEAU 14
POURCENTAGE DE PRÊTRES DIOCÉSAINS ET DE PRÊTRES RELIGIEUX DANS LES DIOCÈSES DU QUÉBEC, EN 1966

Diocèse	Prêtres diocésains	Prêtres religieux
Sainte-Anne	97.0	3.0
Nicolet	89.7	10.3
Gaspé	86.2	13.8
Amos	84.3	15.7
Rimouski	84.0	16.0
Saint-Hyacinthe	77.7	22.3
Joliette	75.4	24.6
Sherbrooke	73.9	26.1
Trois-Rivières	73.8	26.2
Chicoutimi	71.4	28.6
Valleyfield	70.4	29.6
Mont-Laurier	69.2	30.8
Québec	67.9	32.1
Hauterive	65.2	34.8
Saint-Jean	62.1	37.9
Saint-Jérôme	55.3	44.7
Hull	53.7	46.3
Montréal	37.6	62.4
PROVINCE	63.3	36.7

TABLEAU 15
NOMBRE DE CATHOLIQUES PAR PRÊTRE DANS LES DIOCÈSES DU QUÉBEC, EN 1966

Diocèse	Par prêtre diocésain	Par prêtre religieux	Par prêtre
Sherbrooke	475	1,550	352
Sainte-Anne	395	12,923	383
Joliette	555	1,702	419
Mont-Laurier	610	1,373	422
Québec	675	1,431	458
Nicolet	518	4,509	464
Valleyfield	692	1,643	486
Rimouski	585	3,066	493
Saint-Jérôme	916	1,133	506
Hull	982	1,140	528
Chicoutimi	759	1,901	542
Montréal	1,469	881	550
Saint-Hyacinthe	723	2,520	562
Amos	668	3,599	564
Trois-Rivières	807	2,277	596
Gaspé	789	4,925	680
Saint-Jean	1,124	1,843	698
Hauterive	1,188	2,248	776
MOYENNE	818	1,388	515

de Hauterive sont sur ce point à peine mieux pourvus, puisque leur moyenne s'élève respectivement à 1,124 et à 1,188. Sur le plan du clergé religieux, c'est Montréal qui l'emporte avec un prêtre religieux pour 881 catholiques, et c'est le diocèse de Sainte-Anne qui vient au dernier rang avec une moyenne d'un prêtre religieux pour 12,923 catholiques. En appliquant aux religieux frères et sœurs la méthode de calcul utilisée pour établir les statistiques sacerdotales, il est possible d'obtenir à leur sujet les chiffres et les proportions donnés, pour chaque diocèse du Québec (sauf Pembroke, Timmins, Baie de James et Labrador), au tableau 16 qui omet, il va sans dire, les chiffres déjà fournis dans des

TABLEAU 16

PROPORTION DES FRÈRES ET DES SŒURS EN RELATION DE LA POPULATION CATHOLIQUE DES DIOCÈSES DU QUÉBEC, EN 1966

Diocèse	Nombre de frères	Nombre de catholiques par frère	Nombre de sœurs	Nombre de catholiques par sœur
Amos	53	1,766	527	177
Chicoutimi	321	799	1,517	169
Gaspé	27	3,651	603	163
Hauterive	36	2,311	344	242
Hull	43	2,971	555	231
Joliette	155	670	873	119
Mont-Laurier	53	1,243	437	151
Montréal	1,204	1,120	10,395	129
Nicolet	290	528	1,318	116
Québec	871	821	7,728	92
Rimouski	153	1,182	1,503	120
Sherbrooke	187	1,047	1,878	104
Sainte-Anne	57	1,587	740	122
Saint-Hyacinthe	464	516	1,991	120
Saint-Jean	321	763	956	256
Saint-Jérôme	148	969	611	235
Trois-Rivières	350	689	1,832	132
Valleyfield	143	827	649	182
TOTAL	4,839	934	34,175	131

tableaux antérieurs. L'ordre adopté en ce tableau est l'ordre alphabétique. Encore ici, les diocèses de Montréal et de Québec se taillent la part du lion : près de la moitié des frères et plus de la moitié des sœurs de toute la province. Montréal compte, en effet, 1,204 frères et 10,395 sœurs; Québec, lui, a 871 frères et 7,728 sœurs. Si l'on tient compte de la partie québécoise des diocèses de Pembroke et de Timmins, et des vicariats apostoliques de la Baie de James et du Labrador, on peut dire que le Québec comptait, en 1966, environ 5,000 frères et 35,000 sœurs, mais pas tous ni toutes de langue française. Du côté des frères, c'est le diocèse de Saint-Hyacinthe qui est le mieux pourvu : un frère pour 516 catholiques, suivi de près par Nicolet : un frère pour 528, et c'est Gaspé qui fait figure de pauvre : un frère pour 3,651 catholiques. Du côté des sœurs, Québec l'emporte de beaucoup avec, en moyenne, une sœur pour 92 catholiques; Saint-Jean, par contre, vient au dernier rang avec une sœur pour 256 catholiques.

Si, enfin, l'on additionne le nombre de prêtres avec celui des frères et celui des sœurs au Québec, on obtient 47,761 « professionnels » de la religion catholique, soit un pour 94 catholiques québécois. De ce nombre, combien sont de langue française ? Il faudrait, pour le savoir, un très long et minutieux travail, que je n'ai pas eu le loisir d'entreprendre jusqu'ici. Je dois en dire autant des suggestions que l'on m'a faites de poursuivre plus loin et plus en détails les recherches de M. Louis-Edmond Hamelin sur l'évolution numérique séculaire du clergé catholique dans le Québec (*cf. Recherches sociographiques*, avril-juin 1961).

En partant des statistiques fédérales, j'ai essayé de donner un aperçu général de la situation religieuse du Canada français et du Québec. Les chiffres fournis par la Conférence catholique canadienne et par *le Canada ecclésiastique* m'ont permis de décrire, d'une façon plus particulière, l'organisation et la répartition des membres de l'Église catholique, tant au Canada français qu'au Québec. Je pense avoir ainsi rempli une bonne partie de la tâche que l'on m'avait confiée, et je laisse à d'autres le soin de la parachever.

TITRE II
Sciences, lettres et arts

4
Les sciences pures et appliquées

LÉON LORTIE, m.s.r.c.

UN PHÉNOMÈNE DEVIENT OBJET DE SCIENCE quand, après l'avoir décrit et situé dans les conditions où il se produit, on peut le mesurer avec un certain degré de précision dans un système dont les unités sont convenablement choisies et définies. Peut-on évaluer de cette façon l'état de la science dans un pays ou dans une collectivité telle que le Canada français ? Cette expression est la première que nous devions circonscrire car on ne s'entend pas encore sur sa signification. Dans le cas présent on serait porté à choisir un ensemble comprenant, outre le Québec auquel on a parfois tendance à le réduire, une partie importante du Nouveau-Brunswick, la partie orientale de l'Ontario et la région de Sudbury. Les raisons qui justifient ce choix sont d'abord l'existence, dans ces régions limitrophes du Québec, d'une population canadienne de langue française et surtout la présence à Moncton, à Ottawa et à Sudbury d'universités où l'enseignement des sciences a déjà pris ou prendra une importance grandissante.

On pourrait croire qu'il est inutile de définir ce que nous entendons par la science. Afin qu'il n'y ait pas d'équivoque, précisons toutefois qu'il s'agit aussi bien de la science appliquée que de la science pure et que, par conséquent, nous devrons envisager l'usage que fait le Canada français de la science et du génie et de l'importance qu'on leur accorde dans les nombreuses préoccupations intellectuelles, sociales, économiques et politiques d'un groupe ethnique en proie à une inquiétude qui, à certains égards, est présentement voisine du désarroi. Puisque la science et les techniques nées de ses applications sont enseignées dans les écoles et dans les universités, nous devrons nous intéresser au cas que l'on fait de cet enseignement dans les institutions qui sont chargées de le dispenser et de faire progresser une connaissance qui, par définition, est cumulative.

La recherche scientifique est en effet à la fois le résultat et le ressort de cette connaissance.

Quant aux conditions dans lesquelles il nous est donné d'observer le phénomène, son cadre physique est une terre où sont réunies en abondance les matières premières que sont des gîtes métallifères variés, des forêts déjà grandement exploitées et un sol qui a déjà été fertile, ainsi qu'un réseau hydrographique dont les réserves d'énergie compensent le manque de combustibles fossiles dont d'autres pays sont richement pourvus. Il y a des matières à transformer et l'énergie nécessaire à leur transformation et, par conséquent, une invitation évidente à l'industrie de l'homme à en tirer des produits utiles. Le Canada français est situé au cœur d'un pays fortement industrialisé. Les circonstances de temps font ressortir son insertion dans l'ère de l'atome et de l'espace, puisque c'est ainsi qu'il convient de désigner la seconde moitié du vingtième siècle.

Il est bon de préciser que l'industrialisation du pays dans lequel le Canada français, comme peuple, est encadré, est contemporaine de l'expansion prodigieuse de la science et de la technologie depuis le début du vingtième siècle. Il est non moins utile de mentionner que l'avènement de l'ère scientifique dans le Canada tout entier date de l'époque, au cours de la première guerre mondiale, où le Québec en éprouva lui aussi les signes avant-coureurs. Aux conditions de temps et de lieu qui ont présidé à l'évolution du phénomène, il faut ajouter une autre dimension que l'histoire, quand on l'aura écrite sans passion, pourra seule évaluer. Il s'agit du climat intellectuel dans lequel vivait depuis une cinquantaine d'années la société canadienne-française. Ce climat était indifférent et même hostile à la pensée scientifique et à l'industrie qui résulte de ses applications dont on ne voulait pas néanmoins être privé des bienfaits matériels qu'elles procurent. Lorsqu'il conseillait à ses compatriotes de s'emparer de l'industrie, Errol Bouchette faisait peu de part à la science parmi les instruments dont il leur fallait se munir afin d'assurer le succès de cette entreprise alors chimérique. Tout cela était le fruit d'une éducation qui reposait sur une conception étriquée des humanités gréco-latines et une philosophie livresque.

L'histoire de la pénétration et du progrès des sciences dans la vie du Canada français s'étale sur un demi-siècle qui commence au cours de la première grande guerre. Le phénomène devient ainsi quantitatif car, ayant fixé son point d'origine, certaines données statistiques fournissent les coordonnées permettant de tracer la courbe de son développement. Les unités dont on dispose paraissent d'abord faciles à choisir; les premières qui viennent à l'esprit sont, par exemple, au cours de la période qui nous intéresse, le nombre des personnes qui se sont engagées dans l'enseignement des sciences, la recherche et l'exercice d'une carrière dans les diverses branches du génie et des sciences appliquées à l'agriculture et à l'industrie forestière. Un autre paramètre serait les budgets consacrés par les gouvernements, les universités et l'industrie à l'enseignement et à la recherche scientifiques.

On a souvent dessiné des courbes qui, à première vue, sont ou paraissent impressionnantes. Il importe cependant, pour se faire une juste idée de l'importance relative de ces grandeurs, qu'on les compare à d'autres qui les font apprécier dans leur vraie perspective. Qu'on les mette en regard du nombre des Canadiens qui, dans le même temps, ont fait les mêmes études et choisi des carrières analogues ou que l'on établisse d'année en année la proportion des budgets d'enseignement et de recherches du Canada français par rapport à ceux de l'ensemble du Canada, le phénomène se présente alors dans ses vraies dimensions. C'est ce qu'ont fait des professeurs de sciences de l'université Laval qui, après avoir comparé le nombre des candidats au doctorat dans les universités du Québec à celui des étudiants du même niveau dans les universités du pays, ont lancé un *Cri d'alarme* auquel ont fait écho leurs collègues de Montréal.

Les courbes que l'on obtient en procédant de la sorte sont néanmoins éloquentes, de quelque façon qu'on les interprète. Il y a en réalité deux courbes de croissance car celle des sciences appliquées a comme point d'origine la fondation de l'École polytechnique de Montréal, en 1873, tandis que celle des sciences pures commence en 1920 lorsque furent créées l'École supérieure de chimie de l'université Laval et la faculté des Sciences de l'Université de Montréal. Ces deux courbes ont en commun, jusque vers 1942, la faiblesse de leur taux de croissance. La deuxième guerre mondiale contribua fortement au redressement de cette courbe qui connaît depuis 1955 environ une inclinaison encore plus accentuée. Deux études faites à quelque vingt-cinq ans d'intervalle permettent de nous rendre compte du progrès relativement lent des effectifs scientifiques du Canada français. Au cours d'un colloque de l'A.C.F.A.S., en 1947, on avait établi que, dans les professions où ils étaient les plus nombreux, les Canadiens français constituaient au plus trois pour cent des ingénieurs et des chimistes. Les auteurs du *Cri d'alarme* estimaient que cette proportion s'élevait en 1961 à huit pour cent environ. Elle est à présent voisine de dix pour cent. Il faudrait au Canada français plus que tripler le nombre de ses hommes de science pour que, toutes choses étant égales, la proportion des siens dans les carrières scientifiques soit comparable à celle du reste de la population du pays. Cet idéal est-il réalisable ?

A égale distance d'un pessimisme qui s'explique par l'impatience des professeurs qu'inquiétaient leurs constatations, et d'un optimisme qui serait satisfait d'un moindre mal, un souci de réalisme nous incline à jeter un regard critique sur le demi-siècle écoulé et à supputer les perspectives d'une amélioration qui peut se produire à un rythme dont on serait porté à espérer qu'il sera accéléré.

La lenteur des premiers progrès, malgré l'enthousiasme des débuts, est compréhensible si on se rappelle que la seule voie d'accès à l'université était la possession d'un baccalauréat ès arts après un cours classique dont le programme d'enseignement des sciences était notoirement inférieur à celui d'un cours secondaire de qualité moyenne. Pendant qu'un petit nombre de bacheliers aventureux s'engageaient dans des études qui correspondaient plus à leurs aptitudes qu'à leur formation intellectuelle, l'effort des premiers maîtres à Laval et à Montréal porta sur la réforme de l'enseignement des sciences dans les collèges classiques dont il fallait tout d'abord assurer la formation des enseignants. La création de l'enseignement que l'on appelait alors primaire supérieur semblait devoir conduire ses diplômés à un cul-de-sac lorsque la faculté des Sciences de Montréal décida de les admettre à ses cours et de leur décerner les mêmes grades qu'à ses candidats bacheliers. On peut affirmer que cette décision est à l'origine des réformes auxquelles on procède présentement, trente-cinq ans plus tard, à la suite des recommandations de la Commission royale d'enquête sur l'enseignement dans le Québec.

Le cours classique est désormais chose du passé. Les avatars que subit ce dernier, qui tentait de s'adapter aux circonstances nouvelles créées par l'importance grandissante de l'enseignement des sciences, devaient le conduire à sa perte. En même temps que les études classiques périclitaient et prenaient de moins en moins d'importance dans les programmes, les collèges eurent l'ambition de comparer au *College Course* anglo-canadien et américain les quatre années de leur cours qui serviraient de couronnement au cours secondaire dispensé dans les écoles publiques et dans les quatre premières années du cours classique. On pouvait douter de la qualité de l'enseignement des sciences dans des institutions dont plusieurs n'étaient nullement préparées à l'assurer. La confusion était telle que des réformes fondamentales s'imposaient en même temps que l'on s'acheminait vers la démocratisation de l'enseignement secondaire et universitaire.

La conclusion que l'on peut tirer de ce bref rappel historique est que, pour prendre vraiment la place qui revient à l'enseignement des sciences dans la formation de la jeunesse d'aujourd'hui, il a fallu renverser, en se gagnant l'appui de la majorité, l'ordre établi dont plusieurs pensaient et disaient qu'on n'en pouvait imaginer de meilleur. Nos concitoyens anglais du Québec et des autres provinces n'eurent pas à affronter pareilles difficultés parce que l'articulation de leurs écoles secondaires et de leurs universités était déjà celle vers laquelle tendait enfin le Québec. Qui pourrait se surprendre que dans ces conditions le Canada français accuse un retard prononcé quand on le compare au reste du pays ? Il est juste aussi de souligner un point important car il ne s'est agi jusqu'ici que du Québec. L'Université d'Ottawa ne s'est lancée résolument dans l'enseignement des sciences que depuis une vingtaine d'années mais elle n'a eu qu'à s'insérer dans le système scolaire de l'Ontario, ce qui lui a épargné les vicissitudes qu'a connues le Québec. A l'université Laurentienne de Sudbury, l'enseignement des sciences est presque à ses débuts et le nombre des étudiants de langue française y est encore assez petit. Quant à l'Université de Moncton, dont la création à partir de l'université Saint-Joseph et de quelques collèges acadiens est toute récente, sa faculté des Sciences ne compte elle aussi que quelques années d'existence au moins sous sa forme actuelle. En pratique, il est raisonnable de penser que le Canada français, dans son ensemble, en est à un second départ qui heureusement s'effectue sous des auspices plus favorables que le premier.

Quoi qu'il en soit des tribulations inévitables dans les circonstances que nous avons décrites et des départs tardifs des derniers qui sont entrés dans la course, les résultats obtenus jusqu'à maintenant sont parfois surprenants. Il n'est pas téméraire d'affirmer que, dans presque tous les domaines, la qualité de l'enseignement universitaire des sciences est comparable, et souvent avantageusement, à celle des meilleures universités canadiennes et étrangères. On en a la preuve dans la facilité avec laquelle les diplômés de nos universités sont acceptés comme candidats au doctorat dans les autres universités tant de l'étranger que du pays, et le mouvement de plus en plus fort qui pousse les étudiants étrangers à s'inscrire dans nos facultés des sciences pour y préparer le doctorat. Les laboratoires de recherche de l'État et de l'industrie accueillent aussi, et souvent de préférence, les porteurs de leurs maîtrises et de leurs doctorats. Le succès de quelques-uns d'entre eux à l'étranger, aux États-Unis comme en Europe, témoigne de leur qualité et de l'excellente formation qu'ils ont reçue. De plus, le nombre des bacheliers ès sciences sortis de nos universités ne suffit pas à la demande. Dans le domaine des sciences appliquées, certaines réussites comme les barrages et les centrales de Manicouagan et la ligne de transmission de 735,000 volts que des ingénieurs sortis de nos écoles de génie ont réalisés sont des témoignages non équivoques de leur compétence.

Vu en rétrospective, le demi-siècle d'activité scientifique du Canada français nous invite à la réflexion. Comme il fallait s'y attendre, les sciences naturelles furent les premières à retenir l'attention, d'abord parce que, plus accessibles aux amateurs, elles avaient déjà quelques adeptes parmi eux, mais surtout parce qu'elles furent dès le début dominées par la grande figure du frère Marie-Victorin. Il a suscité l'enthousiasme de ses contemporains et, même parmi la jeunesse qui ne l'a pas connu, il a des admirateurs chez qui le sentiment l'emporte sur l'objectivité. Au cours d'un récent congrès des Jeunes Scientifiques, des savants en herbe déploraient le fait que, de nos jours, aucun nom comparable au sien ne puisse être cité en exemple à la jeunesse. Des aînés mieux au courant de la situation leur répondirent qu'en son temps le frère Marie-Victorin occupait toute la scène tandis que maintenant des dizaines de chercheurs canadiens-français ont atteint, chacun dans sa sphère, une réputation comparable à la sienne mais demeurent peu connus du grand public. Le caractère de leurs travaux n'est pas de nature à susciter et encore moins à soutenir l'intérêt et la curiosité des profanes. Il était naturel que la botanique dût céder le pas à d'autres disciplines dans la faveur des chercheurs et le frère Marie-Victorin serait le premier à s'émerveiller de l'ampleur et de la variété des recherches poursuivies par les équipes qui sont à l'œuvre dans les diverses branches des sciences biologiques telles que la physiologie, la biochimie, la microbiologie, l'histochimie, la biologie moléculaire, la génétique, l'anatomie comparée, la biophysique, dans chacune desquelles des jeunes professeurs se sont révélés des maîtres.

Il en est de même dans les disciplines fondamentales des mathématiques, de la physique et de la chimie, parvenues à un degré d'excellence qui classe parmi les premières du pays les universités du Canada français. Il convient de mentionner tout spécialement le département de mathématiques de l'Université de Montréal qui brille d'un singulier éclat. Il faudrait en dire autant des départements de physique de Laval et de Montréal dont les recherches en physique nucléaire risquent de laisser dans l'ombre celles qui ont pourtant fait leur première et solide réputation. L'optique des micro-ondes, par exemple, est un domaine où s'est illustrée l'université Laval qui jouit pour cela d'une renommée bien méritée, alors que des physiciens de Montréal sont universellement connus par leurs travaux sur les rayons cosmiques et en astrophysique. Chacun de ces départements étant désormais muni de puissants accélérateurs de particules atomiques, leur contribution à la science est appelée à prendre des dimensions plus imposantes encore.

De l'avis des maîtres de la science au Canada français, dont on pourrait croire que ce palmarès est de nature à leur faire présager un avenir plus brillant encore, la situation actuelle est pourtant loin d'être satisfaisante. On peut leur donner raison sur plusieurs points qu'il vaut la peine d'examiner en détail. Leur premier souci est le petit nombre des étudiants canadiens-français qui poursuivent leurs études jusqu'au doctorat. Les effectifs qui sont à l'œuvre dans les laboratoires de recherche sont en effet gonflés par le nombre des étudiants étrangers qui y travaillent. C'est sans doute un indice de la qualité des maîtres et de l'équipement dont ils disposent mais la rareté des candidats canadiens-français demeure un fait inquiétant qu'il est urgent de corriger. Les causes de cette rareté sont diverses. La première est sans doute la préparation insuffisante des étudiants qui s'inscrivent dans les facultés des sciences et qui se traduit par des échecs trop nombreux ou l'incapacité de s'élever au niveau de connaissance et de compréhension qui permettrait à un plus grand nombre d'aborder les études supérieures. Il faut en chercher l'origine dans la faiblesse de l'enseignement scientifique au cours secondaire et dans le climat qui règne dans les établissements où on le dispense. Un examen plus approfondi de la situation fait reposer la responsabilité de cette carence sur le programme des écoles normales. Les sciences y sont déplorablement négligées au profit de la méthodologie au point que l'on apprend à enseigner des matières dont on ne connaît même pas les rudiments. Si, à défaut de normaliens compétents, on a recours à des bacheliers venant des universités, leur préparation pédagogique est généralement insuffisante et ils sont souvent incapables de communiquer la science qu'ils ont bien apprise mais dont ils ne maîtrisent pas les aspects fondamentaux. Ils ont parfois tendance à régurgiter ce qu'on leur a enseigné.

Le manque de crédits accordés à la recherche est un autre souci des professeurs qui la dirigent. Si les laboratoires des facultés de médecine sont relativement bien pourvus de subventions et de legs testamentaires, les laboratoires de sciences pures ne peuvent guère compter que sur les subventions du Conseil national de recherches. La concurrence est grande et presque féroce entre les universités qui se les disputent. Celles qui sont déjà solidement établies, et dont la réputation et l'équipement attirent chez elles de nombreux étudiants, obtiennent généralement la part du lion. Les nôtres ont reçu depuis quelques années des sommes importantes qui leur ont permis, en particulier, de se procurer des accélérateurs et des ordinateurs électroniques puissants mais les départements moins bien nantis doivent se contenter de subventions qui sont loin de répondre à leurs besoins. La politique du Conseil de recherches pour les années à venir tendra sans doute à corriger cet état de choses mais les universités du Québec manqueront encore d'un appoint dont bénéficient celles des autres provinces où existe un Conseil provincial de recherches. Il y aura bientôt trente ans que l'Association canadienne-française pour l'avancement des sciences réclame la fondation d'un organisme de ce genre dans le Québec.

Le gouvernement du Québec vient de créer l'Institut de recherches de l'Hydro-Québec, qui répond partiellement à cette demande, mais le Conseil provincial de la recherche se fait toujours attendre.

On ne saurait s'étonner de la lenteur des gouvernements à faire droit aux réclamations des hommes de science quand on voit combien peu elles correspondent aux priorités qu'impose aux élus du peuple la pression de l'opinion publique. La vaste majorité de la population canadienne-française paraît plus avide de profiter, en tant que consommateurs et sans s'inquiéter d'en connaître la provenance, des avantages de la civilisation industrielle que de prendre une part active, comme créateurs et producteurs, à son développement. Les revendications du peuple portent sur des points qui le touchent de plus près et rien ne l'incite à croire qu'un conseil provincial de la recherche scientifique pourrait lui être utile. Peu d'industries canadiennes-françaises ont assez d'envergure pour avoir recours systématiquement aux services des hommes de science et encore moins des chercheurs. Les gens instruits, et plus spécialement les intellectuels, conservent un souvenir pénible de la science abstraite et désincarnée qu'on leur a enseignée dans la perspective de ce que l'on appelait une formation générale, qui se bornait en fait à des généralités. L'image que l'on se faisait de l'homme de science était, comme de l'artiste, celle d'un doux toqué ou d'un être extraordinaire qui avait la « bosse » des mathématiques. Bien que le climat s'améliore à cet égard, on peut dire que, sociologiquement, il n'est pas encore entièrement favorable à la compréhension du rôle que doit jouer la science pure et appliquée dans l'économie du pays. Il en est de même de la science économique dont on parle beaucoup sans toujours savoir de quoi il s'agit dans la pratique. Or la science moderne et l'économie sont indissolublement liées.

Un exemple frappant de l'inertie de la population nous a été servi lorsqu'il fut question de créer un complexe sidérurgique dans le Québec. Les journaux et des hommes politiques en ont beaucoup parlé comme d'un idéal qu'il aurait fallu réaliser presque du jour au lendemain. Certains en discutaient avec un rare déploiement de leur ignorance en matière de science et d'économie. Un de ceux qui s'étaient le plus engagés et qui fut par la suite intimement mêlé aux tentatives de réalisation dut admettre qu'il lui avait été beaucoup plus facile d'en parler, quand il était journaliste, que de mettre en œuvre un projet d'une telle envergure. Maintenant que le Québec se porte acquéreur des actifs de *Dominion Steel and Coal* (*Dosco*), et en particulier des usines que cette compagnie possède près de Montréal, on doit encore espérer qu'un jour des hauts fourneaux et des convertisseurs québécois transformeront en acier les minerais de fer du Nouveau-Québec, mais le peuple ne s'est pas ému de la mise en veilleuse du projet. Que serait-il arrivé s'il s'était senti vitalement intéressé, comme il aurait dû l'être, à l'établissement d'un complexe industriel d'une si grande importance ? L'ignorance où elle demeure de tout ce qui touche à la science et à l'industrie peut seule expliquer l'inertie de l'opinion publique à ce sujet. Quant aux intellectuels qui se sont battu les flancs pour demander sa réalisation immédiate, il semble qu'ils étaient plus enclins à politiser cette affaire qu'à se renseigner sur sa véritable nature et sur les problèmes qu'avaient à résoudre les experts qui en ont étudié les modalités techniques et les aspects économiques. La nationalisation de cette industrie était pour eux un principe auquel devait coûte que coûte se subordonner sa réalisation.

La science nous apparaît ainsi comme un phénomène social dont l'étude est de la compétence d'une nouvelle discipline, la sociologie de la science, qui cherche à connaître les rapports entre la société et la science. Tout au long de l'histoire de l'humanité on voit que la science, qui ne fut d'abord que la technique, fut le grand facteur du progrès matériel des sociétés. L'accélération de ce progrès depuis la Renaissance vient de ce que la science depuis lors est un ensemble rationnel de connaissances théoriques et expérimentales qui s'accroît et se perfectionne par la recherche et par la technologie qui est elle-même la connaissance rationnelle des techniques de production et d'organisation industrielles. Les sociétés les plus prospères ou les plus puissantes sont celles dont les savants et les ingénieurs ont su découvrir la valeur des richesses naturelles du pays et les exploiter pour satisfaire aux besoins de sa population et, par surcroît, du monde entier. Si elles ne peuvent toutes aspirer à ce degré de puissance qui peut devenir excessif, les sociétés plus modestes tendent néanmoins, si elles ne veulent pas être dans la dépendance totale des plus grandes et menacées de vivre dans la médiocrité, à réaliser chez elles les conditions nécessaires à leur épanouissement.

Comment se situe, dans ce contexte, la communauté canadienne-française ? L'idée du progrès ne lui est certes pas indifférente mais, située comme elle l'est au sein d'une société puissante qui lui procure tout ce qui peut satisfaire ses besoins, elle n'a pas encore le moyen de se les procurer elle-même. Il lui faudrait pour cela modifier son genre de vie qui, pour la plupart et même dans une ville comme Montréal dont plusieurs quartiers sont autant de grands villages, est encore celui d'une population rurale et fondé sur des traditions qu'un nationalisme folklorique voudrait à tout prix maintenir. Or, le progrès bouscule certaines traditions dont un bon nombre, si elles persistent au milieu d'un monde qui se transforme, deviennent anachroniques.

L'instruction qu'ont reçue les classes les plus favorisées de la société canadienne-française était elle aussi fondée sur une tradition vénérable mais en grande partie désuète, surtout dans la façon qu'on avait de l'inculquer. Le culte des humanités était louable mais il se limitait de plus en plus au rite de l'apprentissage des langues mortes vidées de leur contenu que sont les chefs-d'œuvre dont elles sont le véhicule. On a dit souvent que l'enseignement de la philosophie se résumait à donner des réponses à des questions que l'on ne se posait pas. Quant aux sciences, on les faisait apprendre en vue de leur usage dans la profession – médecine, pharmacie ou génie – que l'on exercerait plus tard. Cette façon pragmatique de les aborder tendait à éviter les conflits qui auraient pu éclater entre elles et la philosophie car on redoutait de les voir déboucher sur un matérialisme condamnable. Une telle attitude n'était pas particulière à la société canadienne-française. Elle était aussi celle des éducateurs catholiques de langue anglaise tant aux États-Unis qu'au Canada. Il n'y a pas si longtemps que, là comme ici, on l'a vue s'estomper et bientôt disparaître chez les éducateurs sinon chez les parents qui en furent marqués.

De toutes les qualités que l'on attribuait au cours classique traditionnel, la plus admirable était celle de procurer aux élèves une formation générale dont on vantait la gratuité par opposition au caractère pratique des études que dispensaient d'autres collèges que l'on considérait comme d'un rang inférieur. L'accent que l'on met désormais sur la spécialisation n'a pas entièrement fait disparaître le caractère abstrait de l'enseignement des sciences dont on néglige trop souvent de parler des applications et du rôle qu'elles jouent dans l'industrie et l'économie du pays. Rien non plus ne se dégage de cet enseignement qui puisse donner une idée de la méthode scientifique et, chose curieuse, il semble que ce soit dans l'étude des sciences sociales qu'on initie les jeunes à la démarche de cette méthode qui n'a pas, dans ce domaine, la rigueur qu'on lui connaît dans les sciences physiques. Sauf pour ceux, et encore, dont les aptitudes les dirigent vers une carrière scientifique, l'enseignement des sciences prend un air revêche que l'on attribue aux sciences plutôt qu'à leur enseignement. Sans parler du tort que l'on fait aux jeunes qui se destinent à des carrières scientifiques, on prive ainsi des élèves intelligents, car ils s'inscrivent dans des options qui leur paraissent plus faciles, du profit qu'ils tireraient d'un enseignement axé sur des choses concrètes et qui leur serait également accessible. La raison de cette carence est l'ignorance même des maîtres en ces matières parce qu'on ne leur a jamais rien appris à ce sujet. On pourrait parler d'une transmission d'ignorance plutôt que de savoir. L'idéal qu'on se faisait de la formation générale, si elle avait tenu compte de l'existence du monde extérieur et des forces dont il est le théâtre, aurait été la meilleure préparation que l'on eût pu donner à la jeunesse du Canada français.

Malgré ses défauts, et en tentant de s'améliorer, l'enseignement secondaire a quand même réussi, au cours du dernier quart de siècle, à préparer de façon convenable un nombre grandissant de candidats aux carrières scientifiques. Les maîtres, dans les universités, voudraient qu'ils soient plus nombreux et qu'une plus forte proportion de leurs étudiants se dirigent vers la recherche et postulent le doctorat. Ils demandent aussi, ce qui est naturel, des crédits plus importants pour l'enseignement et la recherche et des investissements accrus pour la construction et l'équipement des laboratoires. Le tableau que nous avons fait de la société canadienne-française est-il de nature à frustrer leurs espoirs ? Ici encore il importe d'être réaliste. On peut d'abord prévoir que l'élan actuel se poursuivra en maintenant le taux d'accélération qu'on lui connaît, ce qui est insuffisant pour répondre au désir des maîtres de la science québécoise.

Puisqu'il s'agit de sensibiliser la société canadienne-française aux besoins dont elle n'est pas encore consciente, il est d'abord évident qu'une campagne d'éducation et non de propagande est une priorité qui s'impose. Elle doit naturellement s'adresser à la jeunesse et aussi à cette partie de la population active qui est encore capable d'apprendre ce qu'on lui enseigne pourvu qu'on ait recours à des méthodes pédagogiques appropriées et qui tiennent compte de l'expérience et de la motivation des étudiants adultes. Parmi ceux-là on compte un nombre imposant d'instituteurs de l'enseignement primaire et secondaire qui n'ont jamais eu la chance d'être initiés à la satisfaction intellectuelle que procure l'étude des sciences ni, encore moins, l'occasion de se renseigner sur la nature des richesses naturelles du pays non plus que sur les réalisations de l'industrie qui les transforme en produits ou en forces utiles. Il ne saurait être question d'en faire des spécialistes, à moins qu'ils manifestent des aptitudes évidentes, car ils ont presque tous passé l'âge où leur orientation dans ce sens était possible. Le recyclage dont il s'agit est d'ordre culturel afin que, dans l'exercice de leurs fonctions d'enseignants, ils puissent créer un climat favorable à l'éclosion des vocations scientifiques. Cela est d'autant plus nécessaire et urgent que, avec l'avènement des écoles et des collèges polyvalents, les maîtres devraient être les premiers à faire preuve de la diversité de leurs intérêts et de leur information.

Un effort tout spécial s'impose dans les écoles normales parce que l'enseignement des sciences y a toujours été négligé et, de plus, parce que la tendance paraît être qu'on y veut accentuer la formation des spécialistes. Il doit être bien entendu que la véritable spécialisation ne peut s'acquérir que dans les universités par la préparation d'une licence d'enseignement secondaire. Ce qu'il importe le plus de réaliser, c'est la possibilité pour les normaliens d'acquérir une formation qui dépasse les bornes étroites de la spécialité qu'ils ont choisie. Rien ne vaut à ce sujet quelques exemples concrets. Le futur maître de géographie devrait avoir étudié suffisamment la géologie pour pouvoir parler en connaissance de cause de la nature des sols propres à la culture ou à l'exploitation forestière, ainsi que des régions du pays dont la minéralisation les destine à l'exploitation minière ou à l'exploration géologique afin d'y découvrir de nouveaux gîtes métallifères. L'étude des régimes hydrographiques et de leur utilisation comme sources d'énergie fait aussi partie de cette initiation que doit compléter la connaissance des industries d'extraction et de transformation fondées sur les richesses naturelles du territoire. Le futur maître de français devrait au moins posséder des notions de biologie, de zoologie, de botanique et de géologie afin d'intéresser plus tard ses élèves aux phénomènes de la vie, à la faune, à la flore et au sol de son pays et de leur apprendre un vocabulaire dont les déficiences ne sont que trop évidentes dans le parler populaire et même dans la langue des gens instruits. Comme l'étude des sciences répugne d'habitude aux littéraires, c'est le moins qu'on puisse leur demander. Ainsi mis en contact avec des réalités plutôt qu'avec des abstractions, les normaliens posséderont une culture générale dont le concept aura été réhabilité et dont leurs élèves pourront ensuite être imprégnés dès leur jeune âge.

Dans les facultés des sciences vers lesquelles se dirigent de plus en plus les étudiants, les questions qu'ont soulevées leurs professeurs méritent qu'on les examine de plus près. Il est naturel que ces professionnels de la recherche fondamentale désirent attirer plus de candidats aux grades supérieurs. En principe, il faut seconder leurs efforts. Des tentatives d'accélération trop brusque des effectifs de chercheurs n'iraient-elles pas à l'encontre des fins qu'ils poursuivent aussi bien que des besoins de la société ? Tous les étudiants n'ont pas la curiosité ou l'imagination qui font partie de l'équipement intellectuel du chercheur alors qu'on bon nombre de ceux qui en sont plus on moins privés possèdent par ailleurs des qualités d'ordre pratique fort précieuses dans d'autres occupations scientifiques. C'est souvent parmi eux que se recrutent les cadres supérieurs des administrations après qu'ils ont rendu d'excellents services à leurs employeurs. Se pourrait-il que les programmes d'études et les exigences des facultés favorisent exagérément les premiers au détriment des seconds ? On a déjà entendu des industriels, lors d'un congrès des chimistes canadiens, regretter que les départements de chimie pratiquent ce genre de discrimination et ne préparent plus pour eux les chimistes dont l'industrie a besoin. Les effectifs de la science au Québec risqueraient-ils d'être une armée où les colonels seraient plus nombreux que les capitaines ? La quête de l'excellence ne doit pas conduire les facultés à négliger la formation de ceux qui, à des niveaux moins élevés de la hiérarchie du savoir théorique, ne sont pas moins indispensables au progrès de la société. Ce sont eux qui, au cœur des opérations de l'industrie, transforment en produits utiles et en dividendes les découvertes des chercheurs. Une des raisons de la supériorité numérique des chimistes et des ingénieurs-chimistes de langue anglaise dans le Québec est qu'ils viennent de partout au Canada pour combler le vide que crée le trop petit nombre de leurs collègues de langue française. C'est donc cette situation qu'il s'agit d'abord de corriger. L'augmentation du nombre des chimistes diplômés par les trois universités de langue française du Québec suscite à cet égard un certain optimisme de même que la perspective d'une plus grande affluence de candidats chimistes lorsque les collèges postsecondaires seront en plein fonctionnement.

La base de la pyramide étant ainsi plus étendue, le recrutement des chercheurs en sera grandement facilité et le nombre des candidats au doctorat augmentera d'autant. Il reste cependant que leur entrée dans la vie active est conditionnée par les débouchés, sans compter celui de l'enseignement universitaire, qui s'ouvrent devant eux. S'ils sont nombreux dans certaines disciplines, ils sont plutôt rares dans les autres et on doit craindre qu'une surproduction de docteurs dans ces secteurs en force un certain nombre soit à s'expatrier, soit, en désespoir de cause, à accepter des emplois qui n'exigent pas la possession d'un doctorat. L'enseignement secondaire et postsecondaire est un pis-aller qui contribue à dévaloriser le doctorat. Il est à espérer qu'on n'en viendra pas à cette extrémité mais on doit compter sur l'ouverture éventuelle de nouveaux débouchés créés par l'expansion industrielle du Québec et suscités par la fondation d'un Conseil provincial de la recherche ainsi que par une réorganisation des laboratoires de certains ministères provinciaux. Dans tous les cas, cependant, il y a plus de débouchés qu'on le croit généralement. Ce sont surtout les laboratoires de recherche du gouvernement fédéral, tels ceux du Conseil national de recherches, du Conseil des recherches pour la défense et de nombreux ministères, ceux enfin de l'industrie dont plusieurs sont situés dans la banlieue de Montréal. Ces derniers ne présentent aucun problème pour les Canadiens français qui sont toutefois relativement rares dans ces établissements. Il y a de quoi s'étonner en effet que, depuis plus de quarante ans qu'il existe, le laboratoire du *Canadian Pulp and Paper Research Institute* ait attiré si peu de chercheurs canadiens-français. Quant aux laboratoires situés en dehors de leur province, la plupart des Québécois les voient comme un exil vers lequel se tourner en dernier ressort seulement. Le manque de mobilité des descendants des coureurs de bois est un phénomène bien connu mais qui paraîtrait étrange si on ne savait pas qu'en quittant sa province, même pour vivre à Ottawa qui en est si proche, le Québécois est dans la quasi-impossibilité de faire instruire ses enfants dans leur langue maternelle. Ce sera probablement plus facile en quelques endroits du moins, d'ici quelques années, en même temps que l'augmentation des effectifs des chercheurs canadiens-français en incitera plusieurs à sortir de leur province natale.

Ces considérations nous font entrevoir une conjoncture favorable, à condition que l'expansion industrielle du Québec devienne un phénomène accéléré, que les nouvelles industries soient fondées sur la recherche et que celle-ci se fasse dans le Québec. La fondation récente de l'Institut de recherche de l'Hydro-Québec, dont l'ampleur dépasse tout ce qu'on pouvait espérer, est un indice extrêmement encourageant de ce que nous réserve l'avenir. Il en est de même de la prise de possession des usines métallurgiques de *Dosco* par le gouvernement du Québec. Cette industrie ne pourra devenir et demeurer concurrentielle que si elle est vivifiée par la recherche. Cela signifie que les chercheurs que l'on forme dans les universités doivent, pour la plupart, penser que leur avenir est dans la recherche appliquée. On peut croire que des ingénieurs y trouveront plus facilement de l'emploi et que les écoles de génie qui, jusqu'à présent, ne se sont pas particulièrement distinguées dans la recherche fondamentale seront les premières à en profiter. L'expérience montre toutefois que les docteurs issus des facultés de sciences pures sont généralement plus à l'aise que les ingénieurs dans les laboratoires de recherche de l'industrie et que les équipes les plus fécondes en résultats originaux sont composées de chercheurs de formation diverse et complémentaire.

En vue de la création de ces équipes on doit souhaiter que des rapports plus étroits existent entre les facultés des sciences, les écoles de génie et l'industrie. On doit se rappeler aussi que les laboratoires et l'Institut de recherche de l'Hydro-Québec s'intéressent principalement à l'étude des diverses façons de produire l'énergie électrique et aux usages qu'on en peut faire. Il se peut que l'électrométallurgie et plus spécialement l'électrosidérurgie soient au nombre de leurs projets de recherche. Mais combien d'années passeront avant que des hauts fourneaux ou que des fours électriques fassent leur apparition sur les bords du Saint-Laurent et qu'une partie des minerais de fer du Nouveau-Québec y soit transformée en acier ?

Même si les perspectives d'avenir sont à première vue plus favorables qu'on était en droit d'espérer, elles peuvent l'être à plus longue échéance qu'un optimisme facile nous porterait à le croire. Il faudra être prêt sans doute à répondre à la demande lorsqu'elle se produira mais on risquerait peut-être, en accélérant trop rapidement et par des moyens artificiels la production des chercheurs, d'aller au delà du point de saturation d'un marché dont les progrès n'auront pas été aussi vigoureusement stimulés. On aura peut-être aussi, dans le même temps, négligé de fournir à l'industrie existante les hommes de science et les techniciens dont elle a besoin et qu'elle doit recruter dans les autres provinces ou à l'étranger. La proportion des Québécois dans les industries fondées sur la science appliquée n'aura pas augmenté au même taux que celle des chercheurs et nous nous plaindrons encore d'un déséquilibre que nous aurons contribué à perpétuer.

La logique de l'opération que le Québec doit entreprendre afin de combler le retard que nous constatons dans l'épanouissement de sa vie scientifique exige d'abord qu'il détermine clairement son objectif et que ses effectifs soient organisés, entraînés et déployés en vue de l'atteindre et en ménageant les étapes sur la route qui y conduit. On s'entend généralement sur le choix de l'objectif qui est la puissance industrielle du Québec. Les uns diront qu'elle existe déjà mais qu'elle est inférieure à celle de l'Ontario. D'autres diront qu'elle n'est pas au service du peuple québécois parce que le capital qui l'a créée et qui la soutient est en large partie américain. Il en est de même d'ailleurs partout au Canada, ce qui est un autre problème, et cela n'a pas empêché l'Ontario, l'Alberta et la Colombie britannique de mettre sur pied une armée d'hommes de science, d'ingénieurs et de techniciens qui ont remarquablement réussi dans leur carrière au service d'industries dont le capital n'est pas canadien. Cette industrie existe aussi dans le Québec et la première étape dans l'exécution du plan est d'y occuper les postes que la compétence de nos hommes de science et de nos ingénieurs leur permet de remplir. D'où la nécessité, dans l'organisation de nos effectifs, de produire d'abord assez de bacheliers en sciences pures ou appliquées pour répondre à la demande des industries localisées dans le Québec. Leur entraînement, c'est-à-dire la formation qu'on leur donne, doit être orienté vers les carrières industrielles que la plupart doivent embrasser si on désire vraiment atteindre l'objectif que l'on vise. C'est une tâche qu'il appartient aux universités d'accomplir si elles veulent que la majorité de leurs diplômés trouve des emplois et participe à l'expansion industrielle du Québec.

Il est nécessaire de stimuler cette expansion afin de créer des débouchés pour les générations montantes qui se destinent à des carrières scientifiques. Le Québec a déjà pris en charge la direction de ce mouvement lorsqu'il a rassemblé dans l'Hydro-Québec les divers producteurs d'énergie électrique puis lorsqu'il a fondé la Société générale de financement. Il lui manque encore l'organisme dont une des fonctions serait, comme le font des organismes semblables dans presque toutes les autres provinces, d'aider les industries existantes, qui ne sont pas assez puissantes pour le faire elles-mêmes, à résoudre les problèmes de nature scientifique et technique qui se présentent à elles. Il s'agit naturellement d'un Conseil de la recherche scientifique pure et appliquée. Une autre fonction de ce conseil serait aussi, et c'est cela qui importe davantage à plus ou moins longue échéance, de poursuivre des recherches en vue de créer de nouvelles industries et de les doter, si c'est possible, d'une technologie qui leur soit propre. Dans ses opérations, le conseil mettrait à l'œuvre, dans des emplois permanents ou temporaires, des équipes de chercheurs dont le travail engendrerait des emplois pour une armée de travailleurs scientifiques dont les effectifs comprendraient toute la hiérarchie qui va des troupiers aux colonels et aux généraux.

Le mouvement se dessine, lentement peut-être, d'une participation plus directe des Canadiens français à l'activité industrielle. Le jeu des forces économiques y est peut-être plus apparent que celui des sciences mais la conjugaison de ces deux moteurs doit un jour se réaliser si on veut parvenir à des résultats durables. Sans qu'il lui faille pour cela nationaliser davantage, l'État se doit de stimuler ce mouvement. Nous revenons ainsi à la sociologie de la science car le manque d'intérêt de la masse des Québécois pour la science et pour l'industrie qui en profite vient presque sûrement du sentiment qu'ils ont que tout cela leur est étranger. C'est peut-être pour cette raison que, selon une vieille tradition de l'enseignement classique, celui des sciences avait principalement une orientation culturelle.

Pendant longtemps, la majorité des Canadiens français a souffert, sans trop s'en plaindre et parfois même en s'y complaisant, de ce complexe d'infériorité. Les générations nouvelles, mieux informées, généralement plus instruites et moins patientes, sont en situation de conflit. Leur sentiment d'insécurité engendre chez plusieurs une xénophobie qui, lorsqu'elle passe de l'état latent à une forme agressive, suscite chez les uns des poussées créatrices et chez d'autres, peu nombreux mais éloquents, des revendications. Dans le passé on a réclamé et obtenu la monnaie et le timbre bilingues. Les gens se sont émus ensuite de la montée du syndicalisme ouvrier puis de celui des fonctionnaires et des instituteurs; il a fallu leur faire accepter la nationalisation, dont ils sont maintenant fiers, de l'électricité. Les revendications sont désormais d'ordre politique et ne visent rien de moins, dans l'esprit et la détermination des plus exigeants, que l'unilinguisme et l'indépendance du Québec. Le climat instable résultant de ces perturbations peut dissuader des investisseurs étrangers d'installer des usines dans une province où leurs devanciers avaient trouvé à bon marché une main-d'œuvre docile et inexpérimentée et des gouvernements condescendants, heureux d'y voir s'installer des industries primaires. Des considérations de cette nature ne sont sans doute pas les seules à faire hésiter les investisseurs possibles qui voient en outre s'alourdir le fardeau des taxes et des impôts requis principalement pour solder les investissements qu'exige la modernisation d'un système d'éducation trop longtemps négligé.

Les poussées créatrices, par ailleurs, s'appuient très souvent sur un sol peu solide car les capitaux, les grands administrateurs et les spécialistes de la technologie sont rares au Canada français tandis que des promoteurs inexpérimentés, passionnés par une idée qu'ils croient généreuse et profitable, échafaudent des structures idéales sans s'inquiéter des problèmes techniques ni des contingences économiques auxquelles peut se heurter leur réalisation. L'exemple du premier projet de l'établissement d'une grande sidérurgie québécoise en est une preuve convaincante. On se serait bientôt désespéré si, après l'avoir installée malgré tout, on n'avait pas aussitôt obtenu les résultats heureux qu'on avait désirés. D'aucuns diront que le nouveau projet, fondé sur l'acquisition des usines de *Dominion Steel and Coal* n'ajoute rien au potentiel industriel du Québec, non plus que la prise en charge de diverses industries déjà existantes par la Société générale de financement. C'est déjà quelque chose que d'avoir conservé ces dernières et de posséder les secondes parce que, dans ce dernier cas surtout, les ouvriers, les techniciens, les ingénieurs, les hommes de science canadiens-français s'y sentiront chez eux. Ce n'est encore là qu'un aspect de la situation générale dans laquelle les industries déjà existantes devront pouvoir continuer de grandir et contribuer à l'expansion économique du Québec qui a aussi besoin, surtout dans certaines régions défavorisées, qu'on y construise des usines.

L'esprit qui anime la direction et les équipes de l'Hydro-Québec se retrouvera sûrement chez ceux qui seront chargés de l'exploitation et du développement du premier grand complexe industriel québécois. On ne doit pas s'attendre à ce que les résultats tangibles des investissements dans ce domaine nouveau pour les Québécois se réalisent du jour au lendemain parce que nous y avons tant à apprendre avant d'y faire bonne figure. Si nos devanciers ont longuement pratiqué la patience, il faudra que les générations d'aujourd'hui et de demain s'arment de persévérance, vertu qui nous a singulièrement fait défaut jusqu'à maintenant.

Il serait présomptueux de croire que cette récente orientation du Québec guérira tous les maux dont il se plaint et dont il prétend souffrir; mais on peut supposer que si la science qu'on y enseigne trouve enfin sa raison d'être en débouchant sur l'industrie, elle s'insérera dans la culture du peuple qui verra lui-même dans cette occupation une opération au succès de laquelle il participera pour son propre compte. Paradoxalement et à l'encontre des leçons de l'histoire, le culte de la science pure a précédé, au Canada français, celui de la technique. Le temps est venu, sans que pour cela on renie le premier qui ne fut souvent pratiqué que du bout des lèvres, d'accorder à la science appliquée l'importance qui lui revient. On se rappellera que l'une ne va pas sans l'autre puisqu'elles sont naturellement en symbiose. Ce qu'on aura réalisé dans le Québec ne manquera pas d'avoir des répercussions heureuses dans tout le Canada français.

5
Les sciences de l'homme

NOËL MAILLOUX, m.s.r.c.

UNE INVITATION à faire le bilan des sciences de l'homme au Canada français en 1967, dans l'espace restreint dont nous disposons, engendre une perplexité que l'on peut croire sans issue. Tous, nous avons été à même d'observer une efflorescence rapide dont témoignent la mise en place de programmes d'enseignement répondant à des normes exigeantes et une exploration scientifique de plus en plus diversifiée. La plupart de ceux qui font figure de pionniers dans ce domaine sont encore parmi nous. Mais le temps où ils s'employaient à éveiller, à l'égard de problèmes jusque-là étrangers aux préoccupations de leurs contemporains, la curiosité de quelques étudiants, auxquels on prédisait d'ailleurs une carrière minable, occupe une place très effacée dans leurs souvenirs. Quant aux autres, ils ont beaucoup de mal à se représenter dans un tel rôle ceux en qui ils reconnaissent les animateurs de toutes ces initiatives dont la poursuite méthodique fait appel à leur compétence toute fraîche et leur fournit une occasion d'apporter à leur tour une contribution décisive. C'est dire qu'un aperçu historique paraîtrait sûrement prématuré et nous n'avons aucunement l'intention de nous y attarder. D'ailleurs, pareille tâche deviendrait singulièrement compliquée par le fait qu'on se verrait imposer ici une rétrospective multidisciplinaire. Or, qui parvient encore, à l'intérieur de sa propre discipline, à débrouiller en son entier le réseau de conceptualisations auxquelles on a recours pour introduire un semblant de systématisation dans un apport submergeant de données, à prime abord, d'apparence assez hétéroclite ?

Toutefois, nous ne sommes point pour autant condamnés à garder le silence, car nous avons mieux à faire que de nous complaire dans les accomplissements du passé. Bien plus qu'une simple étape de notre histoire, nous voyons dans ce centenaire que nous célébrons un tournant qui en modifiera du tout au tout le sens. Comme le soulignait récemment un sociologue de l'université Carleton (Porter, 1967), à force de vivre côte à côte, les deux principaux groupes ethniques qui ont travaillé avec un égal acharnement à l'édification de cet immense pays en sont venus à se ressembler étrangement sous l'angle des attitudes et des valeurs qui les caractérisent. Ce n'est pas un psychologue qui s'en étonnera, sachant trop bien comment l'identification la plus servile sert de masque à une rivalité qui incite à triompher d'un adversaire en cela même où ce dernier avait l'habitude de l'emporter. Cependant, le meilleur moyen de cultiver notre imagination créatrice ne consiste pas précisément à tâcher de surprendre et de s'assimiler ce qui fait momentanément le succès d'un rival. Si cette opposition envieuse a pu contribuer à nous rendre efficaces, elle n'a guère favorisé l'épanouissement d'une originalité dont les premières manifestations nous remplissent d'étonnement. Héritiers de deux traditions culturelles dont la vitalité atteignait à son apogée et rayonnait de par le monde, nous avons tenté d'en rester fidèlement tributaires plutôt que d'en chercher une expression neuve, répondant d'emblée aux exigences irréversibles de notre destinée.

Cela s'explique aisément. Délaissés sur ce continent dont l'aménagement constituait une tâche qui n'était pas à la mesure humaine et où rien ne pouvait aider à nous forger une identité nouvelle, nous avons essayé de sauvegarder les restes d'une identité ancienne en nous alimentant à la culture de deux grands peuples dont nous parlions encore la langue mais dont nous ne faisions plus partie. Loin de nous aider à nous affranchir de l'emprise de cette nostalgie persistante, les tentatives d'unification entreprises par nos chefs politiques ne contribuèrent qu'à la renforcer, en entretenant sans cesse la peur de disparaître dans un *melting-pot* dont nous avions sous les yeux une image inquiétante. Les accents de mélancolie et de désespoir que les études sociologiques ont si lucidement retracés dans la poésie et le roman des deux groupes ethniques n'ont, après tout, rien de trop alarmant. Vraisemblablement, ils ne font que refléter cette angoisse qui s'empare de tout être humain devant la liberté. Angoisse dont nul d'entre nous ne peut se défendre au moment de renoncer à un passé où nous étouffons mais qui nous est assez familier pour choisir un avenir que nous nous sentons en mesure de créer, que pourtant nous ne tenons pas encore.

En voilà déjà assez pour mesurer dans sa double dimension la responsabilité qui incombe à ceux dont dépend, à cet instant critique de notre évolution, l'orientation de la recherche dans les sciences de l'homme. Une première démarche consiste sans doute à poursuivre l'inventaire systématique de notre culture pour en déceler les éléments dont le dynamisme paraît le plus gravement entamé. Il s'agit de trouver ainsi le moyen de nous débarrasser de fixations historiques qui risquent de se muer en une source de mésadaptation chronique. Fixations qui nous inclinent à interpréter les événements de l'actualité à la lumière d'une expérience depuis longtemps dépassée ou à nous enfermer dans un immobilisme symptomatique, dont la présence est signalée, tantôt par une évidente rigidité, tantôt par un refus global et une poursuite effrénée de la nouveauté. Mais il convient de rappeler ici que ces déterminismes qui menacent de ralentir notre marche en avant en nous enlisant dans la routine sont beaucoup moins dangereux, pour la pleine conquête de notre liberté, que ceux auxquels risque de nous asservir irréversiblement un geste téméraire. C'est dire qu'en s'engageant inconsidérément dans un avenir où nous aurons à nous mesurer avec des forces imprévues, nous pouvons précipiter des événements dont le cours nous entraînera là où nous n'avons jamais voulu aller. De là dérive toute l'importance d'une seconde démarche qu'il faudra envisager dans une prochaine programmation de nos recherches avec l'ampleur de vue et la détermination qui s'imposent. En un moment où l'on songe à modifier une constitution qui nous régit depuis cent ans, ceux qui doivent trouver une solution à la crise qui secoue notre pays d'un océan à l'autre et ébranle les bases d'une unité déjà trop précaire seraient mal inspirés de céder aux pressions de la violence ou de l'opportunisme. En raison de l'extrême lenteur avec laquelle les sciences de l'homme ont pu s'implanter dans nos universités, il est évident que ceux qui sont responsables de notre destinée devront attendre longtemps encore l'information précise dont ils ont besoin pour prendre des décisions qui ne soient pas à courte vue et peut-être dénuées de réalisme. Jusqu'ici, la revue *Recherches sociographiques* et les trois colloques qui en prolongent les sondages dans des secteurs privilégiés ont entrepris, dans le sens des démarches que nous venons de mentionner, un travail de déblaiement qu'on doit poursuivre avec acharnement. Mais on devra bientôt songer à des moyens d'observation et d'expérimentation beaucoup plus audacieux.

On le comprendra sans peine si l'on réussit, enfin, à se faire une juste idée du rôle primordial qui revient aux sciences de l'homme dans une société comme la nôtre. Celle-ci, on le sait, se trouve toujours obligée, en raison de ses échanges culturels, de son avance économique et de ses engagements politiques, de fournir un effort matériel et spirituel bien au delà de ses ressources démographiques relativement faibles et, ce qui est plus grave encore, dispersées sur un territoire immense. C'est dire qu'il ne s'agit pas uniquement pour nous de parer aux conséquences incommensurables de ruptures subies ou à prévoir à l'échelle historique. De jour en jour, en effet, des adaptations difficiles et d'abord déroutantes s'imposent à nous avec une urgence brutale, entraînant bien d'autres ruptures dont les répercussions individuelles ou collectives intéressent l'une ou l'autre de nos disciplines et devront être étudiées par elles en profondeur.

Là, peut-être, avons-nous chance de trouver la solution de l'énigme que demeure pour nous le comportement politique, social, économique et moral de l'homme. L'expérience concrète de notre XXe siècle atteste d'emblée que celui-ci ne saurait être assimilé au robot économique imaginé par Bentham, Cobden et Marx ou à l'*homo mathematicus* de nos premiers modèles scientifiques. Assez paradoxalement, c'est à Moscou, lors de son tout récent congrès international, que la psychologie proclamait solennellement son affranchissement des anciens tabous positivistes et se décidait à devenir une « psychologie complète », c'est-à-dire, une psychologie qui tienne compte des attributs caractéristiques de l'être humain et qui font de lui ce que les philosophes appellent une personne (Fraisse, 1966). A vrai dire, il y a déjà plusieurs décennies que de grands psychologues ont su découvrir, sous les apparences souvent bizarres de son comportement, un effort prométhéen sans cesse repris par l'homme pour affirmer l'emprise de sa raison et de sa liberté sur des forces et des événements dont il cherche à comprendre et à orienter le cours pour n'en pas demeurer indéfiniment le jouet. En bref, tel est le défi que doivent se décider à affronter pour de bon les sciences de l'homme. Et on ne se gêne pas pour nous avertir de toutes parts (Williamson, 1960) que, si nous ne savons pas le relever à temps par une recherche efficace, notre humanité se verra peut-être acculée au suicide.

Mais pour mesurer la portée de l'enjeu des sciences de l'homme, il importe de recourir à des illustrations concrètes. Revenant à ces ruptures auxquelles nous faisions allusion plus haut, nous signalerons à grands traits les modalités qu'elles revêtent dans des domaines essentiels de l'activité humaine. Peut-être pourrons-nous alors mieux comprendre le désarroi d'une liberté qui, tout en demeurant lucide à l'extrême, ne peut plus s'exercer, faute de repérer avec certitude son point d'application, et se sent impuissante à faire face aux responsabilités imprévues que ses réalisations les plus brillantes font peser sur la conscience collective. De là à entrevoir où doit s'insérer l'intervention des diverses sciences de l'homme il n'y a plus qu'un pas que chacune d'elles devra déterminer pour son propre compte.

Pour trouver un premier exemple du trouble qui accompagne, pour l'individu comme pour la société, un saut aventureux dans l'inconnu, nous n'avons qu'à regarder ce qui se passe du côté des sciences de la nature où l'on commence d'en prendre une conscience plus nette. Une fois sa formation complétée, le jeune savant d'il y a cinquante ans croyait volontiers posséder la clef de tous les grands mystères de la nature. Il ne lui restait plus qu'à disposer de moyens techniques suffisamment raffinés pour rattacher à des lois déjà formulées les phénomènes encore rebelles à son observation et en fournir une explication définitive. Ce ne fut pas sans bouleversement qu'il en vint à pressentir ce que tout jeune homme qui vient de terminer un cours universitaire voit fort bien aujourd'hui. Celui-ci, en effet, est conscient que les démarches de sa pensée ne s'effectuent pas à l'intérieur d'un *continuum* et qu'il existe déjà un vide entre sa première découverte et un savoir qui sera dépassé dans dix ans. Assez rapidement, d'ailleurs, la fécondité de ce savoir s'atténue de façon inquiétante. Aussi, ne voyant plus quelles applications il pourrait encore en tirer et se gardant bien d'avouer que, pour se montrer vraiment inventif, il se fie désormais bien plus à son intuition qu'à un acquis déjà trituré, il se tourne volontiers vers la « recherche pure » ou la « recherche de base ». Ce qui veut tout simplement dire qu'il s'engage dans une nouvelle voie d'investigation, à peu près comme on s'engage dans une aventure, sans pouvoir s'appuyer sur une justification logique rigoureuse et sans savoir avec exactitude où il va.

Si, par hasard, il lui arrive de tomber sur une découverte importante, il aura vite le sentiment qu'une distance infranchissable le sépare de l'idée à laquelle il vient de donner naissance. Quand se dévoile le dynamisme de celle-ci, il est souvent pris du même étonnement que les autres, se sentant impuissant à la domestiquer et ne pouvant plus prévenir la rupture qu'elle provoque avec les autres éléments de sa culture. Tout le monde sait ce qu'il peut en coûter d'être Galilée, Pasteur ou le découvreur de l'atome, de se trouver soudain emporté par une pensée qui met à nu l'inanité d'une interprétation traditionnelle de la réalité sans être encore en mesure d'apercevoir comment les affranchissements qu'elle apporte peuvent être obtenus plus efficacement par une adaptation lucide et courageuse que par les soubresauts impulsifs de la violence. Or une telle adaptation n'est possible que si l'on n'est pas pris de vertige entre le vide qu'on vient de creuser et celui qu'on n'a pas encore eu le temps de combler.

Passons maintenant à un second exemple de ces tentatives redoutables de mise en place d'un nouvel instrument de progrès social, où les mêmes ruptures risquent à tous moments de provoquer des bouleversements cahotiques. Nous le tirons d'un domaine qui se trouve présentement au centre de nos préoccupations, celui de l'éducation, parce qu'il nous permet à la fois d'entrevoir sans peine le point d'insertion des sciences de l'homme et de constater les conséquences de leur contribution par trop fragmentaire.

Dans notre ambitieux désir de rehausser le niveau de culture de tout un peuple, nous parlons sans cesse de démocratisation de l'enseignement sans trop préciser dans le détail ce que cela veut dire et nous projetons d'implanter en quelques mois un plan d'une rigueur logique impeccable et pouvant paraître digne d'une république de professeurs. Le moins que l'on puisse observer est que ce plan merveilleux se révèle en discontinuité abrupte avec des structures profondément enracinées dans notre milieu et dont la désintégration rapide menace de créer un vide qui sera peut-être plus difficile à combler qu'on ne le croit. Mais, à supposer qu'on y parvienne, la recherche la plus sérieuse nous oblige déjà à nous rendre compte qu'un vide autrement inquiétant paraît s'interposer entre l'ingénieux programme que nous venons d'élaborer et notre idéal de démocratisation.

Tout d'abord, nul ne nous a encore montré en vertu de quoi une étatisation à outrance pouvait se muer soudain en un moyen de démocratisation, efficace au point d'éliminer tous les autres. Nous laissons à d'autres, plus compétents en la matière, le soin de nous éclairer sur ce problème; mais nous croyons utile de mentionner ici que les nombreux faits rapportés dans une enquête récente (Cartier, 1967) semblent venir à l'appui d'une conception diamétralement opposée et beaucoup plus dynamique de la démocratisation. On nous rappelle d'abord ce qui suit : « Le produit national brut de l'Amérique, 739 milliards de dollars en 1966, est égal aux produits nationaux bruts additionnés de la France, du Japon, de la Grande-Bretagne, de l'Allemagne fédérale et de l'U.R.S.S. Ensemble, les nations ci-dessus totalisent 475 millions d'habitants. Un Américain produit donc deux fois plus de richesses que l'*homo economicus* qui le suit de plus près. » Parallèlement, en ce qui concerne l'éducation, on lit : « 45% des jeunes Américains poursuivent leurs études au delà de dix-huit ans. Quatre millions de jeunes gens sont inscrits dans les universités et les grandes écoles, soit 40% de la population de l'âge universitaire – contre 15% en France, 10% en Grande-Bretagne, 7% seulement en Italie et en Allemagne. La masse de compétences et de capacités qui se forment ainsi chaque année apporte à l'Amérique deux avantages également précieux : premièrement, elle accroît sa supériorité scientifique, technologique, industrielle; deuxièmement, elle favorise la démocratisation de sa société. » Enfin, après avoir décrit les transformations qui sous-tendent la marche des grandes entreprises, l'auteur conclut : « Il est facile de prévoir que, dans cinquante ans, toutes les grandes entreprises américaines seront nationalisées. C'est-à-dire qu'elles seront revenues à la nation (du fait que les capitaux dont elles ont besoin proviennent des investissements d'un public qui met en elles sa confiance). Et non au dernier patron de droit divin, le plus brutal de tous, l'État. – Le socialisme, c'est le XIXe siècle. Il apportait des solutions pour une société de pénurie et, par conséquent, d'injustice. Malgré des progrès considérables, l'Europe plonge encore dans ce passé. L'Amérique en émerge. Elle réalise graduellement ce qui fut l'idéal du marxisme, la suppression de la propriété individuelle des grands moyens de production et d'échange. Mais elle y parvient par la liberté et la propriété, au lieu d'y parvenir par la dictature du prolétariat. La clé du problème est la multiplication des richesses, c'est-à-dire l'augmentation de la productivité de l'homme. Le reste vient, non pas tout seul, mais irrésistiblement. »

Revenant maintenant sur un plan qui nous est beaucoup plus familier, nous devons signaler que bien des études récentes nous obligent déjà à reviser la conception fort naïve de la démocratisation de l'enseignement qui nous est proposée à travers tous les grands moyens de diffusion. Une mise en application inconsidérée et oublieuse des qualifications que les faits imposent risque fort de provoquer une résistance passive qui nous replongera dans un immobilisme bien pire encore que celui dont nous voulons sortir. Comme le rappelle l'un des spécialistes les plus avisés en psychologie scolaire (Sarason, 1967), on ne saurait entreprendre l'élaboration d'un programme d'enseignement sans songer aux buts que l'on se propose, aux maîtres dont la compétence est loin d'être uniforme, aux parents et aux enfants qui, à l'intérieur d'une même ville, peuvent provenir de sous-cultures fort différentes, et à bien d'autres choses tout aussi importantes encore, telle la conception que l'on se fait de la nature de l'enfant et du processus d'apprentissage. Une innovation ne peut être implantée dans un système scolaire, mais seulement dans une école, c'est-à-dire dans une institution particulière qui pousse ses attaches dans le quartier où elle tâche de remplir son rôle. Elle restera sans lendemain si elle est imposée d'en haut, sans consultation préalable avec les enseignants et les parents d'un milieu donné. En effet, l'expérience montre de façon de plus en plus concluante (Nichols, 1966; Wolfle, 1967) que l'enfant arrive à l'école profondément marqué par le niveau culturel de son milieu familial et que l'enseignement ordinaire reste le plus souvent impuissant à éveiller un esprit dont la curiosité n'a jamais été stimulée par une expérience précoce à la fois riche et variée.

Bien d'autres manifestations de notre vie collective pourraient fournir la matière d'analyses semblables à celles que nous venons d'ébaucher. On trouverait, par exemple, très aisément chez les théologiens contemporains tous les jalons requis pour mener à bien une étude concrète de la crise religieuse que traverse notre peuple (Liégé, 1965; Congar, 1962; De Certeau, 1966). Il faudrait alors se demander pourquoi notre impuissance à amender, en la rendant plus pure et plus virile, une religiosité qui vient de nous nous incite à rejeter pour des raisons puériles une foi qui est un don de Dieu. De même, en examinant d'un peu près les vicissitudes de notre vie sociale, il y aurait lieu de chercher d'où peut venir notre insatisfaction constante alors que nous jouissons d'une abondance de biens que l'humanité n'a jamais connue. Sur le plan politique, enfin, il serait important de comprendre pourquoi nous nous montrons si empressés à solliciter à tous moments l'intervention de l'État, ne fût-ce que pour régler nos différends du travail, alors que nous sommes si assoiffés de liberté.

On le devine sans peine, toutes ces hésitations et ces incertitudes se présenteraient avec une acuité beaucoup moindre si les sciences de l'homme pouvaient déjà nous fournir les éléments de solution dont nous avons besoin et nous éclairer sur la façon d'effectuer sans heurt les adaptations qui s'imposent. Le changement qu'on laisse se produire sans en contrôler le cours ne tardera pas à nous mener au bord d'un effondrement dont nous aurons bientôt peur. Il sera alors trop tard pour tirer profit d'une expérience dont on pouvait beaucoup attendre et même pour sauver un certain nombre de valeurs authentiques, fruits de plusieurs siècles de conquêtes humaines.

En terminant, nous ne saurions mieux faire que d'attirer l'attention sur certaines attitudes qui nous aideront sûrement à affronter notre tâche avec un esprit d'initiative magnanime et à voir dans un changement que nous dirigeons une projection de notre vitalité dans l'avenir. Tout d'abord, en tant que chercheurs, il faut savoir résister à la tentation d'un double activisme qui nous sollicite sans cesse (Gould, 1967). Devant la complexité des problèmes que nous devons étudier et la mesquinerie de nos moyens, il est assez naturel que nous nous sentions assez souvent désemparés. Or, la peur de l'insuccès et le sentiment de l'insignifiance de ses efforts incitent presque fatalement un chercheur à s'évader dans l'administration, où l'on peut aujourd'hui avoir facilement l'illusion de participer à des décisions importantes sans avoir à assumer de réelles responsabilités. Il suffit de devenir membre de quelques commissions pour se sentir honorablement exonéré d'une tâche qui devrait toujours demeurer la nôtre mais qui nous fait peur.

De même, il faut se garder d'oublier que le fait d'avoir mené à bien quelques travaux de recherche n'est pas une garantie de compétence sur le plan de l'action ou dans des domaines différents du nôtre. Il ne suffit pas d'être un psychologue ou un sociologue, même d'un certain renom, pour se prononcer avec autorité sur des questions de religion ou de morale ou pour entreprendre une réforme de l'éducation ou de nos institutions sociales. Rien ne contribue autant à discréditer les sciences de l'homme aux yeux d'un public intelligent que les déclarations abracadabrantes de certains universitaires, par ailleurs hautement compétents dans leur discipline mais oubliant qu'ils n'envisagent qu'un aspect bien limité des questions qu'ils abordent.

Enfin, il est à espérer que nous aurons l'audace, dans toutes les sciences de l'homme, de nous affranchir des tabous positivistes comme les psychologues les plus renommés viennent de le faire au congrès de Moscou. Si nous nous proposons d'assumer sérieusement le rôle que nous avons essayé de mettre ici en relief, il nous faut voir le développement des sciences de l'homme dans une intelligence toujours plus profonde de ce qui favorise la conquête de notre liberté et de ce qui permet de tirer un plein parti des conquêtes de cette liberté.

BIBLIOGRAPHIE

CARTIER, R. (1967). Français, serez-vous tous un jour des capitalistes ? *Paris-Match, 943*, numéro du 6 mai.

CONGAR, Y. (1962). De la situation faite à la culture de la foi dans le monde moderne. Dans *les Voies du Dieu vivant* (Paris : Les Éditions du Cerf).

DE CERTEAU, M. (1966). Cultures et spiritualités. *Concilium, 19*, 7–25.

FRAISSE, P. (1966). La psychologie générale au XVIIIe Congrès international de Psychologie à Moscou. *Bulletin de Psychologie, 20*, 233–235.

GOULD, S. B. (1967). The Modern University: Concerns for the Future. *Science, 155*, 1511–1514.

LIÉGÉ, P.-A. (1965). La religion qui n'est pas la foi. *Parole et Mission, 31*, 551–566.

NICHOLS, R. C. (1966). Schools and the Disadvantaged. *Science, 154*, 1312–1314.

PORTER, J. (1967). Canadian Character in the Twentieth Century. *The Annals of the American Academy of Political and Social Science, 370*, 48–56.

SARASON, S. B. (1967). Toward a Psychology of Change and Innovation. *American Psychologist, 22*, 227–233.

WILLIAMSON, E. L. R. (1960). Social Research or Suicide ? *Executive Magazine*, mars.

WOLFLE, D. (1967). Educational Equality. *Science, 156*, 19.

6
Les lettres

JEAN FILIATRAULT, m.s.r.c.

... Puis vint Réjean Ducharme.

IL Y EUT CENT ANS et plus de littérature d'expression française chez ce peuple entêté qui habite les rives d'un fleuve aux proportions écrasantes. Puis vint Réjean Ducharme. Ou bien, pour l'exprimer autrement, il y eut un siècle et plus d'obscurité littéraire, puis la lumière fut; il y eut une forme d'obscurité littéraire qui, dans nos œuvres, était comme la lampe sous le boisseau, puis vint une forme de lumière qui, chez Réjean Ducharme, est comme la lampe sans le boisseau.

Les peuples heureux n'ont pas d'histoire, dit la sagesse des nations, et partant, pourrait-on ajouter, pas de roman. Or, considération faite de notre population, des romans, nous en avons beaucoup et qui s'étalent dans un éventail complet selon les genres et capable de satisfaire et les fous et les sages. D'où vient, alors, qu'il y a à peine une décennie nous nous demandions encore si nous avions une littérature ? C'est une question que nous ne nous posons plus, heureusement. Mais il y a peut-être lieu de nous demander, cependant, si la réponse nous est vraiment venue ou, plutôt, si nous ne nous sommes pas lassés de la question. Avec Ducharme, en tout cas, la réponse nous vient, elle nous est donnée, affirmative, aveuglante.

Les romans de Ducharme éclairent notre littérature romanesque d'un jour nouveau, d'un jour neuf devrait-on dire. Et cela, non seulement parce qu'ils portent la lumière, mais parce qu'ils la portent sans le boisseau et aussi parce que, à mon avis, ils sont fortement susceptibles de retirer le boisseau qui étouffe la lampe d'un très grand nombre de romans qui les ont précédés. C'est comme si la lumière de Ducharme éclairait d'une façon non équivoque les lueurs souvent trop faibles de nos œuvres.

Avant de passer à l'objet précis de notre propos, réfléchissons un moment sur nous-mêmes. Pendant deux siècles nous n'avons pu nous donner l'impression d'être un peuple que par notre « massivité », mot qui est encore pour l'instant un néologisme, selon les dictionnaires à ma disposition en tout cas. J'entends par cela que nous ne fûmes qu'un entêtement, entêtement nécessaire sans doute, mais très loin de la vie véritable. Bien sûr, la vie de groupe exige une adaptation à des lois et des institutions. Mais notre existence étant dangereusement menacée, notre adaptation aux cadres restreints qui demeuraient à notre disposition nous a fait pécher par excès.

Nous avons souffert d'un excès d'adaptation qui ne laissait plus de place à cette part d'imprévu et d'invention susceptible de permettre à la vie de se manifester par la recherche du perfectionnement. Notre massivité nous a conduits à une certaine forme de sclérose, à une espèce d'induration de la vie intérieure qui a fait de nous des êtres essentiellement et uniquement occupés à durer, à remplir des devoirs multiples, à se soumettre à des traditions immobiles par définition, à des préceptes presque moyenâgeux. Il n'y avait pas de place dans notre existence pour la recherche d'une vie en plénitude et le bonheur qui en découle.

A cette époque, heureusement révolue, comment nous décrivait notre roman ? Ce roman, il était à notre mesure, c'est-à-dire régionaliste. Et il nous plaisait. Aujourd'hui, s'il nous déplaît autant, ce n'est pas parce qu'il nous a chanté longuement l'heure des vaches, le clocher, l'angélus, la grandeur des labours. Non, ces nombreuses petites pastorales rendues insignifiantes par leur description même et que nous continuons à trouver ridicules quand elles ne sont qu'inoffensives, nous leur gardons une rancune tenace pour l'unique raison qu'elles nous ont longtemps abusés sur notre propre état.

On dirait que nous éprouvons la honte inavouée d'avoir entretenu à l'aide de ces schèmes l'idée que la vie se trouvait dans l'accomplissement aveugle du devoir de durer. Pourtant, à y regarder de plus près, ce roman régionaliste voulait dire autre chose. Il y avait une faible lampe sous le boisseau. Qu'on s'interroge, par exemple, sur l'amour malsain d'Angéline de Montbrun pour son père. N'est-ce pas que cette œuvre prend une tout autre dimension ! La soumission déraisonnée au père, au souvenir du père, c'est la soumission excessive aux lois et aux traditions. Laure Conan ne savait pas ce qu'elle écrivait vraiment, la valeur de son témoignage; non plus d'ailleurs que ses lecteurs. Puis vinrent Ringuet et *Trente arpents* qui nous apprirent la petitesse de notre terre, ses véritables dimensions. C'était la lampe sans le boisseau. Il fallait que la lumière nous fût donnée sans équivoque, dans toute sa cruauté.

Jusqu'à *Trente arpents*, notre littérature et les discours patriotiques se refusaient à l'évidence. Mais peu à peu cette évidence s'imposa. Accomplir le devoir d'exister ne suffisait plus, ne nous comblait plus.

La vie avait un goût d'amertume que l'on reconnaissait nettement. Les communications s'étaient multipliées. L'électricité s'étalait dans le pays et venait allonger les heures au cours desquelles nous nous retrouvions pour nous plaindre en famille de notre sort. Le chemin de fer rapprochait les villages et les villes. Les routes étaient meilleures et nous étions moins coupés les uns des autres et du reste du monde. La confrontation du sort réservé à chacun se faisait de plus en plus à haute voix. Mais cette vérité n'était pas acceptée de plein gré. Ce qui venait d'ailleurs nous paraissait dangereux. La fin tragique de *Menaud, maître-draveur* est significative à cet égard; l'impuissance devant l'étranger lui apparut si claire qu'il préféra la refuser plutôt que de se savoir trompé et qu'il se réfugia dans la folie. On a d'abord fait de ce héros un saint. Le préjugé de sa grandeur est encore tellement bien marqué dans notre petit inconscient collectif que, chaque fois qu'il nous faut le juger, nous avons toujours crainte de porter un jugement faux. Quoi qu'il en soit, à l'insu de l'auteur, ce beau livre de monseigneur Savard était la lampe sous le boisseau. Puis vinrent Germaine Guèvremont et *le Survenant* qui nous apprirent une forme d'existence plus humaine. « Le grand dieu des routes » venait, comme un messie, nous révéler que l'humanité pouvait se situer ailleurs qu'à l'intérieur des frontières de nos petits villages, que la vie exigeait les contacts avec l'extérieur, avec l'étranger. C'était la lampe sans le boisseau.

Peu après, il nous a fallu reconnaître que notre terre était ingrate, et c'est la vie urbaine, plus rapide, plus envoûtante qui nous absorbe. Au tour de *Bonheur d'occasion* de nous révéler à nous-mêmes. Avec cette œuvre, ce n'est pas la lampe sous le boisseau. Contrairement à monseigneur Savard et à Laure Conan, et comme Ringuet et Germaine Guèvremont, Gabrielle Roy ne se trompe pas elle-même sur son sujet. Elle écrit ce qu'elle veut écrire. Pourtant, tout un secteur de notre population urbaine s'élève contre ce roman, comme on le fera plus tard contre les mémoires d'enfance de Claire Martin. Le boisseau n'y est pas, tant pis, nous allons en placer un de force. Dans une église, on s'insurge contre ce tissu de calomnies infâmes. *Bonheur d'occasion* a été écrit dans l'amour et dans la lumière, on l'accuse de mensonge. Ce roman est lucide, on le trouve cynique ... C'est l'accusation que l'on porte aussi contre les mémoires de Claire Martin.

Et à partir de ce temps, jusqu'à ces toutes dernières années, jusqu'à cette époque qui voit apparaître ce que nous appelons notre nouveau roman, tous les romans dignes de ce titre portent la lampe, oh, pas une lampe éblouissante encore comme celle de Réjean Ducharme, mais une lumière quand même. Ce ne sont plus les romanciers qui fabriquent et installent leur propre boisseau, mais les animateurs de la chose littéraire, les continuateurs inconscients de monseigneur Camille Roy qui le fabriquent et l'installent.

Puisque j'ai décidé, pour les besoins de mon travail, de diviser ce siècle de littérature en époques, il me faut bien obéir à ma décision et dire un mot de notre nouveau roman, puisqu'il existe. Ici, j'éprouve certaines difficultés. Je n'arrive pas à trouver la lampe qui éclaire ce roman, aussi intéressant soit-il. Ce roman de la révolte et de la prise de conscience ne m'apparaît que comme une fuite sans fin, la poursuite d'un but inutile ou imprécis et qui n'a de raison d'être que pour le remplacement de l'impuissance, ce qui fait que ce but lui aussi est impuissant. Qu'on me comprenne bien : je ne reproche rien à ce nouveau roman. Il est souvent très beau, d'une très belle plume. Il est également nécessaire à notre évolution littéraire, tout comme l'était le régionalisme. Ce que je pourrais lui reprocher, si j'osais le faire, ce serait de pécher contre la sincérité. Il donne l'impression d'une fabrication forcée.

On parle de révolution chez nous. C'est un fait. On en a parlé beaucoup en tout cas, sans savoir très bien peut-être de quoi il s'agissait. Eh bien, à ce nouveau roman, il faut un héros révolutionnaire à tout prix. Quant au sujet, à l'inspiration, on les fabrique autour de ce héros blessé. Et pour masquer le vide du sujet, on se perd ou bien dans un style relâché, ou bien dans une recherche exagérée du langage « sublittéraire », à mi-chemin entre l'élan poétique et le vocabulaire philosophique et sociologique. Et c'est de nouveau l'auteur lui-même qui place sa propre lampe sous son propre boisseau. C'est le régionalisme à rebours, le régionalisme de l'engagement sans faute, quitte un peu plus tard, et s'il y a lieu seulement de le faire, à trouver un but, un motif à cet engagement indispensable.

Récapitulons un moment. PREMIÈRE ÉPOQUE : la grandeur des labours, le régionalisme, une littérature trompeuse. Ringuet apporte la correction. DEUXIÈME ÉPOQUE : le monde vient jusqu'à nous grâce aux communications plus nombreuses et plus faciles. *Menaud* se prononce contre, pour ainsi dire. *Le Survenant* corrige et ouvre les fenêtres. TROISIÈME ÉPOQUE : la vie urbaine, et son adaptation difficile. On voudrait reproduire dans les villes la vie campagnarde qui s'agglutine autour du clocher. La guerre nous force à visiter le monde; notre roman dit psychologique analyse en profondeur l'individu en face de cet univers nouvellement découvert. Puis enfin, DERNIÈRE ÉPOQUE, depuis peut-être dix ans, le régionalisme de l'engagement. Et soudain, soudainement aussi, Réjean Ducharme fait une trouée dans notre ciel littéraire et nous inonde d'une pluie de réflexions aussi étranges que surprenantes.

La réception que l'on fait à un nouvel auteur a la plupart du temps l'une ou l'autre des deux raisons suivantes. La première : la valeur propre de son œuvre. La seconde : une espèce d'accord tacite qui existe entre, d'une part, l'œuvre, sa manière, son sujet, sa tonalité et, d'autre part, le désir inconscient du milieu qui accueille le nouvel auteur pour une œuvre possédant cette manière, exposant ce sujet, ayant cette tonalité. Si la valeur de l'œuvre est l'élément principal du succès, la postérité ratifiera le jugement des contemporains. Si au contraire, l'œuvre a plu parce qu'elle était attendue exactement comme elle se présente, il est possible qu'elle ne laisse par la suite qu'un souvenir plus ou moins vague, l'attente ayant changé, ou simplement la mode. Si on applique cette hypothèse à Réjean Ducharme, comment pourrons-nous la défendre ?

Réjean Ducharme était-il attendu ? Non, puisqu'il nous a tous pris par surprise. Pierrette Rosset écrit dans *Candide* : « S'il n'existait pas, s'il n'était qu'un fantôme, il faudrait l'inventer ce Canadien mystérieux qui appartient à une espèce inconnue en France, celle des écrivains qui refusent de recevoir les journalistes, de parler à la télévision, à la radio etc., espèce rare même au Canada où son attitude « sauvage » lui a valu l'inimitié de ses compatriotes, à tel point que certains d'entre eux ont monté toute une cabale destinée à prouver qu'il n'y avait pas de Réjean Ducharme. » Ici, il convient peut-être d'analyser cette réaction de notre milieu. Pourquoi cette mystification ? Pourquoi cette cabale comme le dit Pierrette Rosset et qui est sans doute un mot un peu trop fort ? Parce que Ducharme dégage une lumière trop « lumineuse » et qu'il éblouit. Si les responsables de son inexistence possible ont obéi à un besoin de s'amuser, je les en félicite, c'était un bon tour à jouer à un milieu littéraire comme le nôtre. Mais si ce milieu pris globalement a marché au pas de course, cela, il faut le prendre au sérieux, hélas ! Et si nous prenons au sérieux cette réaction, il nous faut conclure qu'une fois de plus on se sera ingénié à construire et à installer un boisseau pour étouffer la lampe. Le plus stupide de l'histoire est que, pendant que nous nous perdons à chercher un auteur, nous oublions de réfléchir sur l'œuvre, de la lire avec l'attention qu'elle mérite, de nous mettre en « état de grâce » de lecture. Nous oublions même que Ducharme, s'il n'est pas Ducharme, est quelqu'un d'autre et que cet autre a écrit les mêmes romans. Peu importe que Shakespeare ne soit pas Shakespeare pourvu qu'*Hamlet* soit *Hamlet*. Dans *le Nez qui voque*, il y a une petite phrase bien innocente, qui n'a l'air de rien mais qui porte jugement sur les détracteurs. Cette petite phrase, la voici : « Les langues humaines sont de mauvaises langues. »

Quoi qu'il en soit, Réjean Ducharme existe vraiment, la preuve en est faite, paraît-il. Si j'ai souligné le fait de cette cabale, c'est surtout pour insister sur le besoin que nous éprouvons, souvent, de nous perdre dans des considérations étrangères au sujet qui nous occupe, par faiblesse de ne pouvoir considérer ce même sujet en face, parce qu'il nous éblouit ou qu'il nous fait peur comme si nous avions l'intuition d'une conclusion qui nous répugne, ou parce que nous obéissons à un besoin de nous évader de la vérité qu'il nous faut affronter, comme le faisaient les romanciers de l'époque régionaliste. C'est un phénomène qui se produit aussi bien en politique qu'en littérature, et ailleurs.

Or, si nous avons tenté d'étouffer la lumière de Réjean Ducharme, pourquoi l'avons-nous fait ? Il doit bien y avoir des raisons valables sinon précises. Cherchons-les ensemble.

Pour l'instant, il n'y a que deux romans signés Réjean Ducharme. Le premier, *l'Avalée des avalés*, a fait beaucoup de bruit à l'étranger, récemment. Ici, il nous a fait parler beaucoup. Le deuxième, *le Nez qui voque*, a fait beaucoup moins de bruit à l'étranger. Ici, il nous a fait beaucoup nous taire. Que se passe-t-il ? Que s'est-il passé ? Bérénice Einberg et Mille Milles nous révèlent-ils des choses que nous préférons ne pas connaître ?

D'abord *l'Avalée des avalés* et son héroïne Bérénice Einberg. Qui est-elle ? « Tout m'avale, dit-elle. Quand j'ai les yeux fermés, c'est par mon ventre que je suis avalée, c'est dans mon ventre que j'étouffe. » Bérénice est une enfant que le fait d'être enfant étouffe, empêche de vivre. Elle veut grandir, elle veut devenir adulte. Elle ne veut plus être possédée, qu'on dispose d'elle comme on dispose d'un meuble ou d'un bibelot. Voici encore ce qu'elle déclare d'elle-même : « Je suis avalée par le fleuve trop grand, par le ciel trop haut ... » Ce fleuve, nous l'avons reconnu. Ce ciel, peut-être est-ce notre sentiment religieux ? Bérénice, quoique juive, est Canadienne française et catholique, on ne saurait en douter très longtemps. Elle est plus que cela aussi. D'une certaine manière, nous sommes tous avalés par une civilisation quelconque, peu importe quel coin du monde nous habitons. Elle en est particulièrement consciente et se place en état d'opposition. En cela, maintenant, elle ressemble à la jeunesse actuelle, celle du monde entier qui semble refuser, elle aussi, l'héritage des générations précédentes.

Une société qui se sent jugée met tout en branle pour avaler son juge. Personne ne doit sortir des rangs qui ne reste impuni. Il ne faut pas que la lampe éclaire, il faut que le boisseau avale. Bérénice refuse d'être avalée. Elle n'aime pas son père, il se donne trop d'autorité sur elle. Elle n'aime pas sa mère, celle-ci lui faisant le chantage de l'affection. Elle exècre avoir besoin de quelqu'un. « Le meilleur moyen de n'avoir besoin de personne, dit-elle, c'est de rayer tout le monde de sa vie. » Elle est contre l'amour. Elle se révolte contre l'amour comme tout le reste des avalés se révoltent contre la solitude. « Aimer veut dire : éprouver du goût et de l'attachement pour une personne ou pour une chose. Aimer veut dire : éprouver. Aimer veut dire : subir. Je ne veux pas éprouver, mais provoquer. Je ne veux pas subir. Je veux frapper. » Elle dit encore : « Je vivrai sans que mon cœur batte, sans avoir de cœur. » Cela n'est pas facile. Elle aime croire qu'elle aime Christian, son frère, mais ce n'est pas lui qu'elle aime. Ce qu'elle aime, c'est l'idée qu'elle se fait de lui, c'est ce qu'elle porte dans l'âme et qu'elle appelle Christian. Elle refuse l'espérance. « Espérer, dit-elle, c'est se briser le cœur en tombant vers le haut, dans les nuages. » Voilà ce qu'elle dit et pense de l'espérance. Vivre dans l'espérance, c'est risquer de mourir dans le désespoir. Elle ne veut pas du désespoir non plus. Elle refuse tout ce qu'on lui offre, tout ce qu'on lui propose. Elle détruit tout. Ce qu'elle voudrait, ce qu'elle aimerait aimer, elle l'ignorera toujours. Elle refuse le monde adulte tel qu'on le lui propose et elle n'est pas assez forte pour savoir lequel des autres mondes possibles lui conviendrait le mieux. A la toute fin, elle semble avoir trouvé la solution. Elle adopte la personnalité de l'assassin. Enfin a-t-elle l'âme pleine d'un sentiment à porter, un sentiment bien à elle, exclusivement à elle, et qui ne lui est pas transmis par les autres puisqu'il est le fait d'une volonté personnelle. Elle reprend à son compte la démarche du Mathieu de Françoise Loranger. Puisqu'il n'y a pas de liberté possible, elle se construira sa propre prison : la solitude, le refus de l'amour et du don de soi.

Bérénice Einberg rejoint tous les héros solitaires de nos romans dits psychologiques auxquels j'ai déjà fait une courte allusion. Quand les héros de cette période littéraire se libèrent, ce n'est pas la liberté qu'ils rejoignent tout à fait. Même après avoir coupé leurs liens, ils restent marqués d'une manière indélébile par l'étouffement. La formation de l'autonomie est le résultat d'une discipline continue et qui tient compte des exigences collectives. Ces tristes héros ne sont qu'informés, ils ne sont pas formés à la discipline personnelle. En se soustrayant à leur milieu, ils deviennent étrangers dans la cité. Ils sont comme des êtres qui se donnent toutes les allures d'homme libre mais qui déplacent avec eux leur prison intérieure, comme la tortue transporte sa maison.

Tels tous ces héros, Bérénice Einberg souffre, mais, contrairement à eux, elle ne souffre pas en silence. Elle juge. « Les sociétés qui condamnent l'opium devraient aussi, si elles étaient logiques, condamner l'orgasme, les religions et autres voyages vers le haut. »

Nous irons maintenant voir un peu du côté du *Nez qui voque*. L'histoire ? Elle est très simple. Un garçon de seize ans, Mille Milles, qui a peur de devenir une grande personne parce que le monde adulte lui fait horreur, fuit avec une fillette de quatorze ans, qu'il a baptisée Chateaugué. Ils ont un peu d'argent. Quand ils auront fini d'en vivre, ils se tueront, tout simplement. Voilà leur solution.

Dans *l'Avalée des avalés*, tout au long de son passage au monde adulte, Bérénice cherchait une solution pour ne pas y entrer. Puis, à la toute fin, cette solution, elle la trouve sans l'avoir vraiment cherchée là où elle la trouve. C'est une solution spontanée, qui va de soi, comme soumise à l'automatisme. Dans *le Nez qui voque*, nous assistons à la démarche contraire. Mille Milles lui aussi refuse son passage au monde adulte mais, dès le début du roman, la solution est toute trouvée. Cette fois-ci, c'est la triste histoire de cette solution dont l'application est avortée. Seule Chateaugué disparaît, et c'est l'amour qui la tue, non pas le refus de vieillir. Mille Milles, lui, se laisse avaler par les avalés.

Selon Pierre Saint-Germain du journal *la Presse*, les impressions recueillies dans les milieux parisiens qui se passionnent pour le cas Ducharme rejoignent la critique de Bosquet. On persiste à croire que l'énigmatique écrivain montréalais est extrêmement doué, mais on ne voit nullement dans *le Nez qui voque* le chef-d'œuvre qui aurait pu succéder à *l'Avalée des avalés*.

Selon leur optique à eux, Bosquet et le Tout-Paris ont sans doute raison. Mais que nous importe le milieu parisien ? N'avons-nous pas, nous, le droit de trouver beau ce que d'autres ont le droit de trouver laid ? Faut-il toujours se mettre à la remorque d'une autre culture, d'un autre lieu ? Cette réflexion, je la fais parce que je considère que, d'une certaine manière et dans notre optique à nous, ce deuxième roman est supérieur au premier. Il nous touche de plus près. Il s'interroge plus sur nos problèmes. Il nous décrit encore plus. Il ne s'agit vraiment pas d'une description quant aux problèmes eux-mêmes, qui sont, à bien y regarder, identiques pour tous les êtres engagés dans l'œuvre de vie, mais il s'agit plutôt d'une ressemblance quant à la manière selon laquelle ces problèmes se présentent, quant à leur incarnation à un milieu, quant à leur importance, leur envahissement et leur infiltration dans tous les plans d'une existence. Mille Milles refuse l'humanité tout entière. En cela, il ressemble à tous les mécontents de l'univers. « Si nous avons décidé de nous suicider, déclare-t-il, ce n'est pas à cause de l'argent; nous le reconnaissons, à notre grande honte. C'est à cause des hommes que je me suicide, des rapports entre moi et les êtres humains. »

Vous avez sans doute remarqué le passage de « nous suicider » à « entre moi et les êtres humains ». D'abord un pluriel, lui-même et Chateaugué. Puis, simplement, dans la même phrase, un singulier; lui seul. Voilà la manifestation d'un égocentrisme quasi absolu. Cette humanité, pourquoi la refuse-t-il ? C'est là où les raisons invoquées ont de grandes chances d'être les nôtres. Que pense-t-il de la lecture ? « La plupart de ceux qui lisent ont entre neuf et seize ans. Les autres, ceux qui lisent et qui ont entre vingt et soixante ans, lisent parce qu'ils n'ont pas pu franchir le mur de la maturité. » Que pense-t-il de Dieu ? « S'il y a un Dieu, il n'a rien de commun avec l'homme ou l'éléphant; il n'est pas fait à la ressemblance de l'homme ou à celle de l'éléphant. » Que pense-t-il de la vie intérieure ? « Les souvenirs les plus doux sont les plus amers. L'amertume est la seule façon de jouer des tours à l'ennui. » Et le patriotisme ! Au Canada, il n'y a que les visons et les Esquimaux, qui ne parlent, ne chantent, ne dansent, ne mangent et ne s'habillent pas en américain. » Que pense-t-il de la femme ? « En tant que femme tu ne seras jamais pour moi qu'un pis-aller, qu'un moindre mal. » Ce n'est certainement pas un Italien ou un Espagnol qui, entre autres, parlerait ainsi de Dieu, de la lecture, encore moins de la femme. Que pense-t-il de lui-même ? « Qu'est-ce qui est monotone ? Est-ce la vie ou est-ce moi ? » Et plus loin d'ajouter : « Je ne suis pas responsable de mes associations d'idées. » Je le crois volontiers. Alors, qui en est responsable ? N'est-il pas, comme nous tous, un produit de notre milieu ?

Il faut bien arrêter quelque part les citations. Tout serait à reproduire de cette magie verbale, toutes ces phrases audacieuses et amères demanderaient un autre livre; et puisque *le Nez qui voque* est déjà imprimé ...

J'ai laissé entendre tout à l'heure que les romans de Ducharme nous décrivent. Peut-être même l'ai-je affirmé. A première analyse, cette affirmation paraît fausse. Ces romans, pleins de phrases audacieuses, de traquenards, de déclarations à l'emporte-pièce et qui déjouent toute logique, paraissent bien loin de nous. A la lecture, ce style nous amuse, nous étonne. C'est un style pour le moins excessif. Mais quand nous fermons le livre, voilà qu'une question demeure. Oui, Ducharme exagère. Oui, Ducharme dépasse les bornes. Oui, c'est un auteur à phantasmes. Mais si l'on coupe en deux, si l'on divise en dix les exagérations, il en reste quelque chose, et ce quelque chose nous frappe en plein cœur. Voilà où se loge notre surprise, voilà où cet auteur est grand dans sa transposition.

Où pourrions-nous le situer dans les catégories du début ? Dans le régionalisme ? Un peu, peut-être. A cette différence, cependant, que ses personnages ne sont pas attachés à un coin de terre, à un sol intransigeant, mais que, plutôt, ils vont et viennent à leur guise, semble-t-il, comme emprisonnés sous un globe de verre qui va et vient avec eux sans jamais changer l'atmosphère natale qu'il enferme. Pour la même raison, il ressemble aux romans de la période d'urbanisation de notre peuple, la période des cent villages volontairement reproduits autour des cent clochers de Montréal.

Quant à notre période dite psychologique, Ducharme semble y prendre une place de choix. Que nous décrivent Bérénice et Mille Milles, et Chateaugué ? L'impossibilité de l'amitié, tout comme Robert Charbonneau et Robert Élie, l'inutilité de l'amour humain, tout comme Robert Élie et André Langevin. Oui, plus j'y réfléchis, plus j'arrive à penser qu'il reprend la lampe de cette époque. Il trace à grands traits impressionnistes notre état d'âme, notre difficulté d'être. Il fait des portraits qui nous ressemblent. Il saisit à pleine main le flambeau de notre troisième époque que semble lui tendre Marie-Claire Blais, par-dessus toute une décennie d'écriture romanesque sans inspiration véritablement créatrice.

Il est possible que mes jugements soient trop forts. Il est possible aussi que mon raisonnement porte à faux. Une chose certaine, cependant, c'est que, dans le monde de la pensée, plusieurs démarches peuvent facilement donner l'illusion de se contredire. Pourtant, ce n'est qu'une illusion. Il faut toujours se souvenir qu'une réflexion doit être considérée en elle-même et pour elle-même uniquement et que le monde de l'esprit ne saurait se passer des idées parallèles. C'est même la grande erreur de notre civilisation culturelle actuelle que d'exiger qu'un genre chasse l'autre, qu'une réflexion chasse la précédente, qu'un mode philosophique chasse le précédent. Erreur que la civilisation de la cybernétique corrigera bientôt puisqu'elle est à nos portes.

Quant à Réjean Ducharme, son apparition dans notre ciel littéraire nous sera d'un grand fruit. Je n'en doute pas un seul instant. Jusqu'ici, notre roman a ignoré la spontanéité véritable. Ducharme vient avec sa légèreté profonde, avec sa joyeuse tristesse, avec son tragique habillé des oripeaux du clown, avec sa gratuité étonnante, avec sa magie du verbe et il me paraît que, à partir de lui, aucun romancier sérieux ne pourra jamais plus, chez nous, écrire comme il l'avait fait jusqu'ici.

Notre monde littéraire aura beau vouloir éteindre ce phare, jamais il n'arrivera à construire un boisseau assez grand pour le contenir. Ducharme pourra cesser d'écrire, nous pourrons oublier ses œuvres, ce météore pourra bien tomber dans une amnésie collective totale. Il nous aura marqués quand même d'une façon indélébile parce qu'il nous aura enseigné la liberté de l'écriture et la décontraction intellectuelle. Tant mieux pour ceux qui auront compris l'enseignement et qui pourront le suivre.

7
La langue

JEAN-MARIE LAURENCE, m.s.r.c.

*La pensée fait le langage
en se faisant par le langage.*
HENRI DELACROIX

LA RELATION DE GENÈSE RÉCIPROQUE qui unit la pensée et la langue unit également la langue et la civilisation. Avant de développer cette thèse et d'en montrer l'application au Canada français, il convient de définir aussi rigoureusement que possible le terme civilisation.

Sans nous arrêter aux multiples sens de ce mot, notons que son contenu se transforme notablement selon que l'on parle de civilisation française ou anglaise, de civilisation latine ou slave, ou encore de civilisation occidentale ou orientale. Cette simple énumération indique, comme les trois repères d'une courbe mathématique, jusqu'à quel point peut varier la compréhension du concept qu'on dénomme généralement civilisation.

S'il est reconnu que la civilisation est un « ensemble de phénomènes sociaux à caractères religieux, moraux, esthétiques, scientifiques, techniques communs à une société », et que la religion, l'art, la science, la littérature sont les éléments constitutifs de la civilisation, il n'est pas moins vrai que la qualité et la combinaison de ces éléments sont extrêmement variables d'un groupe humain à l'autre.

Pour les besoins de notre exposé, nous considérerons donc la civilisation comme une forme de pensée, un mode de sensibilité et un style de vie engendrés par un grand nombre de facteurs parfois difficilement identifiables (origine ethnique, langue, instruments, outils, patrimoine littéraire et artistique, histoire, métissage, influences extérieures ...) et parmi lesquels les institutions occupent une place relativement restreinte.

A la lumière de cette définition, « langue et civilisation sont inséparables » ; « elles sont unies par des liens de solidarité organique ». L'excellente revue *le Français dans le Monde* (N° 16, avril-mai 1963) précise nettement ces rapports, comme on peut en juger par les citations suivantes :

> Une civilisation n'est pas une œuvre muette. D'abord la langue n'est pas le moindre des outils qui servent à son édification : la langue française, codifiée par l'Académie, a exercé sur le plan politique une influence unificatrice dont les effets se prolongent et peut-être même se développent encore de nos jours. (M. J. Bes, professeur au Centre d'études françaises de Brême)
>
> Quels sont les rapports qui existent entre une langue et l'ensemble des activités du groupe qui la parle ? Instrument de communication entre les hommes, la langue est une institution résultant de la vie en société. Les manières de voir et de sentir d'une collectivité influent sur sa langue, et inversement, la langue, s'interposant entre les sujets parlants et le monde, entraîne une certaine façon de concevoir ce dernier. « A chaque langue correspond une organisation particulière des données de l'expérience[1]. » C'est pourquoi, apprendre une langue étrangère, « ce n'est pas mettre de nouvelles étiquettes sur des objets connus, mais s'habituer à analyser autrement ce qui fait l'objet de communications linguistiques[1] ». (Michel Blanc, maître de conférences à l'Université de Londres)

L'établissement de la civilisation française au Canada illustre bien ce mécanisme. On peut distinguer trois époques dans l'histoire (sommaire et en partie conjecturale) de la langue française parlée au Canada : I. Époque du peuplement; II. Époque paysanne et artisanale; III. Époque industrielle.

I. ÉPOQUE DU PEUPLEMENT ET DE LA COLONISATION

Au dire des historiens,

Une vingtaine de provinces françaises, pour le moins, peuvent réclamer l'honneur – si honneur il y a – d'avoir colonisé le Canada. La Normandie, pour sa part, a fourni près d'un cinquième des colons venus au XVIIe siècle; mais les provinces du centre-ouest, Poitou, Aunis, Saintonge, en ont donné plus du quart, Paris et l'Île-de-France, un bon septième, d'autres provinces, comme la Bretagne, le Perche et l'Anjou, le reste. Au XVIIIe siècle, l'Île-de-France a pris la tête, suivie d'assez loin de la Normandie, puis des provinces du centre-ouest. A l'exception des provinces-frontières de l'est et du sud-ouest – et encore les Acadiens comptent-ils des Basques parmi leurs ancêtres – c'est le royaume de France, dans sa presque totalité, qui a peuplé la colonie

---
[1] A. Martinet, *Éléments de linguistique générale* (Paris, 1960), p. 16.

d'Amérique, devenue le Canada. (*Canada, réalités d'hier et d'aujourd'hui* par Jean Bruchési [Montréal : Beauchemin, 1954])

Mais le nombre restreint des îlots de population, la nécessité de l'effort commun dans un pays difficile et rempli de dangers, l'élasticité des structures sociales favorable au nivellement des classes, tous ces facteurs ont accéléré l'uniformisation du français parlé au Canada, qui a connu avant la France l'unité linguistique.

II. ÉPOQUE PAYSANNE ET ARTISANALE

Dès le milieu du dix-septième siècle, particulièrement sous l'impulsion de l'intendant Talon, les Canadiens français s'engagent dans la voie de l'agriculture et de l'artisanat. Et ces deux modes d'activité domineront la vie économique du pays, avec des fortunes diverses, jusqu'au vingtième siècle, l'industrie – qui fut longtemps domestique – n'exerçant qu'une fonction subsidiaire dans le développement du Canada.

Cette situation se reflète nettement dans le vocabulaire de l'époque, si l'on en juge par les répertoires que nous connaissons. Les traits fondamentaux de ce vocabulaire accusent la prépondérance de l'agriculture, de l'industrie domestique, de l'artisanat et de l'activité maritime.

Les effets de la conquête ne se font guère sentir tout de suite sur le français parlé au Canada, car le changement de régime politique et l'adoption du droit anglais dans certaines juridictions ont peu d'influence sur la langue générale de la population.

Notons d'ailleurs, sans entrer dans le détail d'une longue lutte, parfois épique, amplement décrite par nos historiens, que les francophones ont réussi à maintenir l'usage de la langue française dans les débats parlementaires. Voici le résumé d'un article de la loi constitutionnelle de 1867, d'après Jean Bruchési :

Au Sénat et à la Chambre des communes d'Ottawa, au Conseil législatif et à l'Assemblée législative de la province de Québec, l'usage de la langue française, ou de la langue anglaise, dans les débats, est facultatif; mais il est obligatoire pour la rédaction des archives, procès-verbaux et journaux respectifs des chambres. Cet usage est également facultatif devant les tribunaux du Canada et ceux de la province de Québec. Enfin, tous les actes – décisions, lois, etc. – des deux Parlements, fédéral et provincial, doivent être imprimés et publiés dans les deux langues.

C'est dans le domaine de l'administration et de la fonction publique que le français subit le plus grave recul. Mais l'influence de l'anglais, dans ce domaine relativement particulier, ne pouvait marquer profondément la langue parlée commune.

L'industrie et le commerce, qui ont pris un certain essor vers le milieu du dix-neuvième siècle (même si l'agriculture domine toujours à cette époque l'économie du pays), ont certainement exercé une influence anglicisante considérable sur le français parlé. C'est ainsi que le vocabulaire de l'industrie forestière, financée et dirigée en grande partie par des anglophones, atteste nettement cette hégémonie. Nos travailleurs de la forêt, grâce à leur ignorance de l'anglais, ont démontré, comme les Français du dix-huitième siècle en France, l'ingéniosité des mécanismes de la francisation phonétique spontanée. Par exemple, dans leur bouche, *driver* a donné *draveur*, *cant hook* a donné *cantouque*; *boom* : *bôme*; *improvement* : *éprouvement*. De même, le vocabulaire des chemins de fer et de la mécanique a donné *cabousse* (*caboose*), *calvrette* ou *calvette* (*culvert*), *stime* (*steam*)...

Joignons à ces facteurs d'anglicisation l'afflux considérable des immigrants anglophones : les Loyalistes qui, fuyant la Révolution américaine, s'établissent au nombre d'environ 40,000 à l'est et à l'ouest de Montréal, l'immigration provenant presque entièrement des pays britanniques et qui atteint un million entre 1881 et 1891.

Ainsi l'anglicisme pénètre le vocabulaire français par tous les procédés de la contamination : assimilation phonétique, assimilation sémantique, étymologie populaire par erreur d'audition, transfert de dérivation...

Parallèlement, notre vocabulaire d'origine authentiquement française, déjà marqué de provincialisme et de dialectalisme par les conditions du peuplement, continuait à se différencier du vocabulaire « officiel » de la métropole soit par des créations locales de qualité variable, soit par des extensions plus ou moins légitimes, soit par des transpositions ou des confusions engendrées par le mode de transmission orale à peu près exclusivement régnant au Canada jusqu'au début du dix-neuvième siècle.

On peut donc résumer comme il suit les caractéristiques du français canadien de cette époque : langue foncièrement pure mais archaïsante et provinciale, se métissant progressivement d'anglais après la conquête, surtout dans l'administration, l'industrie et le commerce.

L'enseignement, primaire et secondaire, dû en grande partie d'abord à l'initiative privée et surtout au clergé, suivait les programmes et les méthodes en usage dans la France de l'époque. Nous lui devons certainement, dans une très large mesure, la survivance de la civilisation française au Canada des temps héroïques. Mais il faut attendre au milieu du dix-neuvième siècle pour voir se constituer un système d'enseignement à peu près complet et naître l'enseignement supérieur avec l'université Laval, en 1852. C'est d'ailleurs en 1856 que s'institue le Conseil de l'Instruction publique.

L'enseignement privé semble avoir été excellent pour l'époque. L'enseignement public (qui n'a pénétré que tout récemment au degré secondaire par la voie du primaire supérieur) s'est peut-être appauvri graduellement, pour deux raisons principales : l'esprit fonctionnariste et l'orientation hésitante ou erronée des écoles normales, insuffisamment exigeantes dans la sélection des élèves et insuffisamment informées du point de vue pédagogique.

Dans tous les cas, on peut déplorer deux lacunes particulièrement regrettables dans un milieu comme le nôtre : la parcimonie et la faiblesse de l'enseignement des sciences; le caractère livresque de l'enseignement en général, dédaigneux de la langue orale. Il convient toutefois de noter que ces mêmes déficiences se retrouvent chez les anglophones du Canada et dans l'enseignement européen de cette époque.

Voilà pourquoi on peut affirmer qu'à ce moment de notre histoire la paysannerie demeure la source vivifiante du français parlé et partant de la civilisation française au Canada.

III. ÉPOQUE INDUSTRIELLE ET MÉCANIQUE

Au vingtième siècle, l'enseignement s'est trouvé débordé, croyons-nous, par la « mutation brusque » de la civilisation occidentale, qui est passée « par éclatement » de l'humanisme au technicisme.

Cette mutation a été particulièrement bouleversante au Canada français. Il y a trente ou quarante ans, notre population était en très grande majorité rurale; la population paysanne ou villageoise atteignait environ 70 pour cent de la population totale.

Mais voici que l'industrialisation massive de la province a littéralement renversé cette proportion. De plus, circonstance aggravante et d'une portée incalculable au point de vue de la langue, la mécanisation s'est mise au service de l'industrialisation.

Cette transformation radicale de notre mode de vie : habitation; communications, migrations et regroupement de la population; évolution des structures sociales; division du travail, a nécessairement modifié notre *style* de vie, c'est-à-dire nos mœurs, nos façons de voir, de penser, de sentir et de parler.

Du point de vue linguistique, l'anglicisme marque une avance chez nous à la faveur de nos importations massives d'outillage et de machines de toutes sortes. Le marché de l'automobile, par exemple, où domine nettement la voiture américaine, impose un vocabulaire technique anglophone. Il en est ainsi dans la plupart des branches de l'industrie.

Il y a trente ou quarante ans, la grande majorité de notre population rurale vivait encore sur le vieux fonds de la civilisation paysanne; et la langue de l'ancienne France provinciale, déjà plus ou moins déformée et métissée d'anglais dans certaines régions, tenait encore le coup. Le médecin, le notaire et l'avocat formaient alors une sorte de triumvirat encore dévoué à l'humanisme français.

Notre société ainsi constituée professait assez généralement certaines valeurs morales intangibles comme la vérité, l'honnêteté, la justice, la charité, le respect, l'ordre, la discipline, voire l'idéal. Certains de ces mots sont sortis de l'usage et ont été relégués au dictionnaire; d'autres ont complètement changé de sens.

Aujourd'hui, le prolétariat remplace la paysannerie, les professions dites libérales, profondément atteintes par la spécialisation que leur impose le développement inouï de la science et qui correspond à la « division du travail » dans le monde de l'industrie, tendent vers le technicisme, qui les achemine à son tour vers le mercantilisme en les déshumanisant. Le développement prodigieux des sciences positives, de l'industrie et du commerce a créé de nombreuses professions, au rang desquelles il a promu d'anciens métiers. Tant et si bien que le sens des mots *profession* et *profession libérale* est à reviser.

En résumé, nous assistons à une métamorphose sans précédent des structures sociales ainsi que des conditions matérielles de l'existence et de l'activité humaines. Cette transformation où dominent les techniques menace certaines valeurs spirituelles et atteint largement et profondément la langue, instrument et expression de la civilisation.

Il se produit chez nous un phénomène de scission entre une élite en voie d'intellectualisation (et qui ne correspond guère, structurellement, à celle du dernier quart de siècle) et le « peuple » en voie d'américanisation. Cette élite « cérébralisante » parle de « la constante de nos convictions », de « l'impact du social dans le contexte historique », tandis que le peuple emploie des expressions comme « remplir la tank à gaz ». Entre ces deux extrêmes, l'ancienne bourgeoisie agonise, coupée de ses racines qui plongeaient dans la classe paysanne, gardienne de notre terreau linguistique.

L'esprit américain nous pénètre par le cinéma, la télévision, les publications de toute sorte – nos kiosques à journaux ressemblent beaucoup plus à ceux de New York qu'à ceux de Paris – et par le phono mécanique.

La publicité, dont l'influence sur la langue courante dépasse sans doute de beaucoup, depuis quelques années, l'action de l'enseignement à tous les degrés, s'inspire largement de son modèle américain. De l'aveu même des spécialistes, environ 90 pour cent de nos textes publicitaires sont traduits de l'américain. Or cette traduction, trop souvent littérale, affiche moins de mots anglais qu'en France (*cf.* Étiemble, *Parlez-vous franglais ?*) mais elle répand à foison des anglicismes syntaxiques et des anglicismes de vocabulaire déguisés qui minent sournoisement chez nous l'esprit français.

Ainsi la langue courante, la langue de la vie pratique, la langue « de contact » s'anglicise et s'appauvrit de jour en jour au Canada; ainsi le français tend à devenir dans notre pays une « langue de culture » à l'usage des « intellectuels ».

En guise de démonstration, nous nous contenterons d'un diagnostic sommaire et synthétique de la contamination de notre syntaxe par l'anglais.

Syntaxe

La syntaxe générale, c'est-à-dire la structure d'ensemble de la phrase complexe ou périodique, semble avoir assez bien conservé son intégrité dans la langue écrite et dans la langue parlée de la classe instruite.

La syntaxe « de détail », comme le vocabulaire, subit davantage la contamination de l'anglais. Nous entendons par syntaxe « de détail » l'usage de l'article, de la préposition, du participe présent, etc., petits faits de langage apparemment négligeables mais dont l'ensemble constitue la texture même de la langue.

Emploi abusif de l'article indéfini. Exemples : « Monsieur X est *un* professeur » pour « Monsieur X est professeur »; « Il a *un* esprit d'observation » pour « Il a l'esprit d'observation » ou « Il a un grand esprit d'observation »; « Georges Duhamel, *un* romancier contemporain » pour « Georges Duhamel, romancier contemporain ».

Emploi abusif de l'article défini dans les inscriptions, les titres et les raisons sociales : « La Commission des Écoles catholiques », « La Compagnie des Transports en commun », « L'hôpital Sainte-Justine » pour « Commission des Écoles catholiques », « Compagnie des Transports en commun », « Hôpital Sainte-Justine ».

Emploi de l'apposition au lieu du complément prépositionnel : « Hôtel Confiance » pour « Hôtel de la Confiance », « Comté Nicolet » pour « Comté de Nicolet », « Canal Lachine » pour « Canal de Lachine », « Rue Visitation » pour « Rue de la Visitation »...

Emploi du participe présent et du participe passé à valeur de prépositions, selon l'usage anglais : « Commençant tel jour, le service téléphonique sera interrompu », « Le moteur est en panne dû à un court-circuit » pour « A partir (ou à compter) de tel jour... », « Le moteur est en panne par suite d'un court-circuit ».

Mais c'est peut-être l'emploi de la préposition qui donne lieu au plus grand nombre d'anglicismes. En voici quelques exemples : « Il est impossible *pour* nous (fr. : « Il nous est impossible ») de répondre à votre demande »; « La question est encore *sous* (en) discussion «; « *Sur* le voyage (En voyage), il grogne toujours »; « Elle est sur (dans) le comité de réception »; « Il a été absent *pour* (pendant) trois jours » (Il s'est absenté – pendant – trois jours); « Le malade est *sous* (en) traitement »; « Il est tombé *dans* (à) l'eau »...

Notons enfin quelques types divers d'anglicismes syntaxiques, dont la liste pourrait s'allonger indéfiniment, hélas :

Tours elliptiques inadmissibles en français : « *Changez pour* (Adoptez) Décrassevite »; « Pour (goûter) un bon repos, achetez le matelas Nonchalance ». – Emploi absolu du comparatif et du superlatif neutre : « L'essence Coup-de-vent est (la) meilleure »; « Si vous désirez le meilleur (ce qu'il y a de mieux) en fait de cuisinière, achetez la Cuitout ». – Interversion des compléments : « J'ai perdu mes lunettes, je les manque (elles me manquent) beaucoup ».

Il faudrait ajouter à cette série d'anglicismes syntaxiques les expressions idiomatiques du type *Moi pour un – I for one* (Pour ma part, à mon avis) et les expressions figurées comme *Être dans l'eau bouillante – To be in hot water* (Être sur le gril).

Il faudrait faire aussi une longue étude du passif, qui s'emploie dans les deux langues mais pas toujours dans les mêmes conditions.

Joignons à tout cela de nombreux solécismes dont l'anglais n'est aucunement responsable et que les grammairiens dénoncent aussi en France, comme « Je suis allé à Paris et (à) Marseille », « Ce livre, je l'ai lu mais (je ne l'ai) pas compris », « Je ne crains pas qu'il *ne* m'oublie », « J'espère qu'il vienne (viendra) », « Je ne crois pas qu'il *viendra* (vienne) »...

Ce diagnostic – d'ailleurs bien incomplet, répétons-le – de nos fautes de syntaxe révèle la gravité du mal et montre l'urgence et la nécessité d'un traitement énergique. Poussons un peu plus loin notre analyse, afin de préciser la nature de ce traitement. Si nous passons en revue les types de solécismes que nous avons relevés, nous constatons trois choses : 1º La presque totalité de ces fautes de syntaxe se situent au niveau de la langue courante, écrite ou parlée. 2º Elles sont d'autant plus insidieuses qu'elles portent sur de menues pièces du mécanisme syntaxique. 3º Elles présentent un aspect français. En effet, les syntagmes incorrects que nous avons énumérés se composent de mots *français* détournés de leur sens ou de la fonction normale qu'ils exercent dans notre idiome. Ainsi, ces fautes rongent imperceptiblement la texture de notre langue comme les termites rongent les boiseries et les charpentes.

Ces constatations nous indiquent assez clairement certains remèdes qui s'imposent.

1. *Étude systématique de la langue courante à l'école et au collège.* Notre enseignement est trop exclusivement littéraire.

Par une bizarre confusion des genres, le jeune Jean-Claude est hâtivement jugé mauvais en français quand il n'a pas été inspiré par un sujet de dissertation tel que l'argent ne fait pas le bonheur, ou bien la grand-route raconte sa longue histoire, ou encore le conflit de l'amour et du devoir chez les héros de Corneille ...

Sans mésestimer un seul instant l'intérêt philosophique, narratif ou littéraire de semblables dissertations, il est permis de se demander si le fait de les avoir bien traitées implique nécessairement une meilleure connaissance de la langue française que chez les enfants peu inspirés, peu imaginatifs, ou peu communicatifs, qui, en l'occurrence, se trouvent rangés dans la catégorie des élèves mauvais en français ...

Cette incroyable confusion entre deux matières aussi importantes que littérature française et langue française n'est pas la moins aberrante des conceptions pédagogiques actuelles. (Jacques Capelovici, *Vie et Langage*, mars 1959, p. 154)

Le professeur Capelovici fait ici un plaidoyer en faveur de l'enseignement étymologique et progressif du vocabulaire français; mais il va sans dire que ses observations s'appliquent également à l'enseignement syntaxique du français courant.

2. *Enseignement théorique et pratique de la grammaire raisonnée.* Notre enseignement grammatical s'est graduellement atrophié au profit de la langue dite littéraire, tant et si bien qu'il se limite aujourd'hui à l'enseignement de l'orthographe, d'ailleurs peu efficace si l'on en juge par les copies des élèves.

On néglige trop souvent, dans certains établissements, l'enseignement méthodique de la grammaire, passé la deuxième année des études secondaires. C'est une erreur extrêmement grave. L'enseignement de la grammaire, selon les conceptions de la linguistique moderne, s'impose non seulement aux quatre premières années du secondaire mais encore et surtout aux années dites de lettres (2e et 1re ou belles-lettres et rhétorique). C'est en effet à ce degré des études secondaires que les élèves peuvent profiter davantage d'un cours de grammaire raisonnée avec exercices d'application.

En règle générale, et particulièrement dans un pays bilingue comme le nôtre, nous croyons qu'il ne suffit pas d'apprendre la langue mais qu'il est essentiel d'en comprendre le mécanisme et l'esprit. En France, l'homme de la rue peut compter, dans une large mesure, sur les automatismes linguistiques. Au Canada, le contact de l'anglais menace à tout instant de fausser le jeu de ces automatismes, que le sujet parlant doit sans cesse vérifier.

3. *Application, à l'étude des syntagmes, de méthodes semblables à celles de l'enseignement du vocabulaire.*

4. *Étude comparative du français et de l'anglais, au cours secondaire.* Nous avons vu comment l'anglicisme syntaxique s'infiltre insidieusement dans la texture du français. Il nous semble impossible de le déceler toujours et à coup sûr à moins de recourir à l'étude de la grammaire comparée. Cette étude systématique exerce non seulement une action préventive ou corrective, mais, aux degrés supérieurs du cours secondaire, elle joue un rôle analogue à l'étude des langues anciennes (et souvent plus utile); elle permet d'approfondir le génie du français et de saisir, par comparaison, les nuances de la langue.

Et puisque nos fautes de syntaxe proviennent surtout de l'influence de l'anglais, il importe de traiter le mal à sa racine même : la traduction. Le jour où tous comprendront que la traduction, art extrêmement difficile, exige une compétence particulière, nous aurons en grande partie conjuré le péril de la syntaxe française au Canada.

Vocabulaire

Au chapitre du vocabulaire, on a souvent déploré l'indigence lexicale du français parlé ou écrit au Canada. Cette indigence tient sans doute à plusieurs causes, d'ordre géographique, historique, psychologique et pédagogique : éloignement de la métropole, difficultés matérielles des débuts entraînant la primauté de l'activité physique sur la parole; isolement du groupe français après la conquête, et, par suite, repliement psychologique et participation réduite à l'évolution de la France du dix-huitième siècle; invasion massive de l'anglais.

Ce dernier facteur exerce sur notre vocabulaire français une action débilitante et déformante particulièrement redoutable. La pression de l'anglais qui nous envahit de l'extérieur et de l'intérieur par les puissances conjuguées de l'industrie, du commerce et de la publicité n'a pas subi assez tôt, surtout dans le domaine de la technique, le contrepoids de l'influence française. Ainsi le vocabulaire anglais de l'automobile, de la radio, des instruments aratoires et de l'outillage (pour ne citer que ces exemples) s'est implanté dans les cerveaux en même temps que les objets correspondants s'introduisaient dans notre vie. Ainsi des automatismes linguistiques se sont formés, qui rendent extrêmement difficile l'acquisition tardive du vocabulaire français. D'autant que (il faut le reconnaître) le mot anglais est très souvent plus bref et d'une sonorité plus forte, plus percutante que le mot français; comparer *tube* et *chambre à air*, *tank* et *réservoir*, *dump* et *dépotoir*, *reel* et *moulinet*, *strap* et *courroie*, *stop* et *arrêt*, *plug* et *prise de courant*, *can* et *boîte à conserve*.

Souvent aussi, le mot anglais se prête mieux que le mot français à la formation de dérivés, avantage dont profite largement la langue populaire; par exemple, *dump, dumper, dumpage, dumpeuse*; *reel, reeler, reelage*; *crate, crater, cratage*; *can, canner, cannage*.

Dans tous ces cas, et dans une infinité d'autres, il serait vain de méconnaître que l'anglais (ou l'américain) possède trois qualités appréciables du point de vue de la langue courante : la rapidité, la force et la commodité « fonctionnelle ». Au niveau populaire ou familier, ces qualités exercent malheureusement plus de séduction sur les esprits que la précision, l'élégance et la distinction dont se pare le vocabulaire français. Voilà un symptôme inquiétant qu'il importe de conjurer, non seulement par la diffusion des termes français mais aussi, et surtout peut-être, par l'éducation du goût, l'enseignement des bonnes manières et la lutte contre la vulgarité. Il semble en effet que l'usage des mots anglais trahisse très souvent chez les francophones du Canada un certain relâchement, un certain avilissement de la personnalité. C'est ainsi que les mots *dump, braker, fun, tire, strap, safe, scrap* n'ont pas, dans leur langage, la même qualité stylistique que *dépotoir, freiner, plaisir, pneu, courroie, coffre-fort, ferraille*.

Aussi croyons-nous que les deux principales variétés d'anglicismes lexicaux : anglicismes francs et anglicismes camouflés correspondent, en France et au Canada, à des tendances psycho-sociales opposées. L'anglicisme franc (emploi du mot anglais littéral, comme *switch, wrench, pattern, parking*) sévit surtout, en France, dans la classe soi-disant distinguée, tandis qu'il affecte au Canada le langage populaire. (Notons d'ailleurs que, dans l'un et l'autre pays, l'anglicisme franc n'appartient pas au même domaine du vocabulaire et partant de l'activité.) Au contraire, l'anglicisme camouflé ou déguisé (déviation sémantique, mot français employé au sens anglais, comme *altération* pour *réparation* ou *retouche*), beaucoup plus répandu au Canada qu'en France, se trouve ici à tous les degrés de l'échelle sociale, et surtout peut-être aux degrés supérieurs. Dans tous les cas, c'est la pensée et la sensibilité françaises qui sont en jeu ou plutôt en péril.

La lutte contre l'anglicisme se poursuit chez nous depuis près d'un siècle, sans obtenir tout le succès qu'on serait en droit d'espérer. Cet insuccès relatif s'explique, semble-t-il, par plusieurs raisons : le petit nombre des défenseurs du français; l'incoordination de leurs efforts; le purisme excessif de certains d'entre eux; l'incompétence d'un grand nombre de traducteurs et de publicitaires; l'incompréhension de plusieurs commanditaires de publicité; l'absence de relations permanentes entre les linguistes français et canadiens; l'absence d'une doctrine commune, d'un code d'éthique du français universel; l'inexistence de l'enseignement méthodique de la langue courante dans les écoles et les collèges; l'inaction des pouvoirs publics.

Le jansénisme linguistique de certains puristes dont le zèle dépassait la compétence n'a pas peu contribué, croyons-nous, à développer chez nous un scrupule paralysant et à décourager les bonnes volontés. Prenant à la lettre le mot de Tarvidel : « L'anglicisme, voilà l'ennemi », ces zoïles ont vu de l'anglais partout. D'où les interdictions les plus stupéfiantes. On a condamné *friction* au sens de *désaccord*, *occasionnel* dans des expressions du type *enseignement occasionnel*, *constructif* au sens abstrait (exemple: *critique constructive*)...

Ces erreurs ou ces excès contredisent la linguistique historique et la linguistique générale, dont l'étude élargit singulièrement les vues de l'esprit sur le langage. On y apprend, entre autres choses, que la pureté absolue de la langue est un mythe comme la pureté absolue de la race.

Les grandes langues communes de l'Europe actuelle forment à tous égards des systèmes absolument différents; elles ont des prononciations et des grammaires strictement autonomes. Mais ces langues reposent toutes sur un même fonds de civilisation, et il est aisé de constater qu'elles présentent en grande quantité des éléments communs. D'abord, par emprunt des unes aux autres, ou par suite de leur unité d'origine indo-européenne, elles ont en commun beaucoup de mots; quand, pour constituer des langues artificielles, on a dressé le bilan des mots communs à l'italien, à l'espagnol, au français, à l'anglais, à l'allemand et au russe, on a trouvé assez de termes communs à quatre ou cinq de ces langues pour constituer un vocabulaire où, par suite des emprunts innombrables de l'anglais et des emprunts assez nombreux de l'allemand au latin et aux langues néo-latines, le latin est l'élément essentiel, et où le russe, demeuré longtemps en dehors du grand courant de la civilisation européenne, ne fournit rien. (A. Meillet, *Linguistique historique et Linguistique générale*)

Que le contact continuel de l'anglais menace chez nous l'intégrité du français, c'est un fait qu'on a trop souvent souligné pour que nous y insistions davantage. Mais ce qu'on ne semble pas avoir remarqué, c'est que, par un juste retour des choses, ce même contact peut aussi nous enrichir. Et voici comment.

Le français et l'anglais ont un grand nombre de mots communs. Or, il arrive très souvent que tel ou tel de ces mots évolue différemment dans chacune des deux langues, puisque l'évolution d'un mot est déterminée par les conditions sociales du milieu où circule ce mot. Parfois un mot évolue plus vite en anglais qu'en français, et vice versa. Dès lors, si l'anglais fait subir à tel mot une évolution correspondant à notre mentalité, nous ne voyons pas pourquoi nous nous priverions de lui emprunter la nouvelle acception. Au-dessus des langues il y a le langage. « Les langues sont des variations sur le grand thème humain du langage », dit Delacroix.

L'anglais s'est de tout temps montré facile aux importations, note M. Bréal. Il y a gagné de doubler son vocabulaire, ayant pour quantité d'idées deux expressions, l'une saxonne, l'autre latine ou française. Pour désigner la famille, il peut dire à son gré *kindred* ou *family*; un événement heureux se dit *lucky* ou *fortunate*. Il faudrait être bien entêté de « pureté » pour dédaigner tel accroissement de richesses : car il est impossible qu'entre ces synonymes il ne s'établisse point des différences qui sont autant de ressources nouvelles pour la pensée.

D'où l'on voit la nécessité d'une doctrine linguistique affranchie du dogmatisme et de l'immobilisme, à notre époque d'échanges accélérés entre les langues et les civilisations. La nécessité aussi de consultations continuelles entre les linguistes de la communauté francophone internationale pour l'uniformisation du français universel.

La chasse aux termes impropres a été plus fructueuse, semble-t-il, du moins ces dernières années, que la guerre aux anglicismes. On entend beaucoup moins souvent dire *col* pour *cravate*, *châssis* pour *fenêtre*, *basques* pour *revers*, *taraud* pour *écrou*, *chausson* pour *chaussette*, etc. On commence à distinguer *poêle* et *cuisinière*, *radiateur* et *calorifère*, *couvercle*, *couvert* et *couverture*, et ainsi de suite. La publicité, si coupable d'autre part, a largement contribué à ces rectifications du vocabulaire de la vie courante.

Malheureusement, la publicité exerce une influence très différente en France, dans ce secteur lexical : la mode et le snobisme aidant, elle multiplie les anglicismes et change à plaisir les noms des objets usuels. Cette instabilité ne facilite guère la tâche des linguistes canadiens.

La question des canadianismes, qui a suscité de violentes querelles, semble perdre de l'importance à notre époque d'internationalisme. On peut la résumer, croyons-nous, en quelques points essentiels.

Notons d'abord que les canadianismes authentiques ne sont pas aussi nombreux qu'on le croit communément. La plupart des vocables ou expressions qu'on appelle « canadianismes » sont d'origine française : nos ancêtres les ont importés des provinces de France, où on les considérait déjà, en grande partie, comme des provincialismes ou des dialectalismes.

Du point de vue social, la plupart des canadianismes sont d'origine paysanne, ce qui s'explique par l'histoire et la géographie.

La langue paysanne tend à disparaître, nous l'avons vu, en France comme ici et dans la plupart des pays du monde civilisé, par suite de la transformation sociale universelle engendrée par l'avènement de la civilisation technique. C'est sans doute regrettable, mais c'est ainsi.

Certains linguistes aiment à composer, sur nos canadianismes « savoureux », des tirades à effet. Mais, chose remarquable, ils n'emploient jamais eux-mêmes, dans leurs écrits, *veillotte* (encore moins *vailloche*) pour *meule* (de foin), *signaux*, *marionnettes* ou *clairons* pour *aurores boréales*, *c'est pas d'adon* pour *ce n'est pas opportun, t'as autant d'acquet de partir* pour *tu ferais aussi bien de partir*...

L'histoire de la langue et l'observation des faits actuels enseignent que « les mots passés d'usage refleurissent très rarement ». Songeons à la résistance apparemment invincible que rencontrent toutes les tentatives de résurrection du vieux mot *fiable* (sûr, digne de confiance).

La langue paysanne mérite notre respect, comme tout ce qui reste d'authentiquement français dans certains de nos parlers – car il en existe plusieurs. Ces modes d'expression ont droit de cité dans certaines œuvres littéraires (réalistes ou régionalistes), à condition qu'on en chasse les scories. Cela se fait d'ailleurs dans toutes les grandes littératures.

Nous pouvons et sans doute nous devons conserver nos canadianismes, nos provincialismes ou nos archaïsmes de bonne frappe dans notre parler courant ou familier (je ne dis pas vulgaire). Ainsi, certains de ces mots ont des chances de passer au français universel, pourvu que s'établissent des consultations de plus en plus fréquentes entre les pays de l'empire linguistique français. Des mots comme *poudrerie*, *vivoir* et *débarbouillette*, par exemple, passeront probablement bientôt au français officiel. D'autres vocables suivront sans doute.

Mais il ne s'agit pas tant de conserver tel ou tel mot, telle ou telle forme d'expression que de sauvegarder les traits fondamentaux de caractère et les modes de pensée qui ont fait la grandeur de la civilisation française : honnêteté, mesure, sobriété, précision, clarté et simplicité. Tous ces traits et qualités se résument dans le mot *honnêteté*, qui s'applique aussi bien au caractère qu'à la pensée et au langage. Une langue honnête bannit avec la même vigueur la préciosité et la négligence, la prétention et la vulgarité, le purisme excessif et le métissage sans restriction.

En résumé, le souci de conserver nos canadianismes ne doit pas nous distraire de notre tâche essentielle : sauver le français au Canada, le français universel, le français parlé et compris au Congo, en Haïti, au Maroc, en Belgique, en Suisse ... et en France.

Phonétique

Le système phonologique d'une langue et la qualité de sa phonétique n'ont pas moins d'importance, dans la vie de cette langue, que le vocabulaire. On sait que la phonologie ne considère que la valeur fonctionnelle des phonèmes. Ainsi *in* et *an* ont une valeur fonctionnelle dans les mots *bain* et *banc*. Car si l'on prononce *ban* pour *bain* et *bin* pour *banc*, cela peut entraver le « fonctionnement » du langage ou de la communication et causer de graves quiproquos. La prononciation *hupe* pour *jupe* présente les mêmes inconvénients, parce que le phonème *j* comporte dans ce cas une valeur pertinente ou fonctionnelle. La phonologie néglige donc la qualité des phonèmes pour s'occuper exclusivement de leur utilité, de leur rendement.

La phonétique, pour sa part, étudie les modalités du phonème : mode d'articulation ou d'émission, timbre, effet acoustique... C'est ainsi que la phonétique distingue plusieurs phones *r* (pharyngal, postdorsal, dorsal, prédorsal, apical, etc.), là où la phonologie ne voit qu'un phonème, puisqu'il suffit, du point de vue fonctionnel (de la compréhension), que l'auditeur perçoive un *r* (et non pas un *l* par exemple; comparer *car* et *cal*) pour que le langage remplisse sa fonction de communication.

On peut donc dire, de façon sommaire, que la phonologie considère l'aspect fonctionnel des sons du langage, tandis que la phonétique envisage surtout l'aspect esthétique de la parole. A la lumière de ces définitions, il semble qu'on puisse affirmer, même sans enquête rigoureuse, que le parler de la grande majorité des Canadiens français est phonologiquement conforme au parler de la métropole. Mais du point de vue phonétique (de l'accent, si l'on préfère), la situation est beaucoup plus complexe.

Si l'on adopte comme norme phonétique le langage de la société cultivée de Paris, le tableau du français parlé au Canada présente les grands traits suivants.

Des groupes sociaux grandissants formés en majeure partie des professionnels de la parole (comédiens, conférenciers, annonceurs, commentateurs, journalistes) se rapprochent sensiblement de la norme.
D'autre part, la déshumanisation des professions libérales (dont nous avons déjà parlé) se trahit par un relâchement phonétique.
Chez les professeurs de l'enseignement supérieur, on trouve l'excellence et la médiocrité sinon la vulgarité. Une enquête sérieuse révélerait

peut-être des corrélations entre le niveau phonétique d'une part, la matière de l'enseignement et la culture générale d'autre part. Il se peut aussi que la démocratisation de l'enseignement produise sur le langage des universitaires et des étudiants un effet dégradant – transitoire, espérons-le.

Au secondaire et au primaire, la situation semble assez confuse. En général, la qualité phonétique du langage des professeurs et des instituteurs est probablement bien inférieure à ce qu'elle devrait être.

Dans les couches moins favorisées de la population citadine, l'influence le plus souvent inconsciente et indirecte de l'anglais sur la phonétique française, le débraillé général du comportement imputable en partie à l'envahissement de l'américanisme (au sens péjoratif du terme, défini par Georges Duhamel dans son introduction à la *Géographie cordiale de l'Europe* et illustré dans ses *Scènes de la vie future*) produisent une déliquescence phonétique alarmante.

En somme, la transformation actuelle de nos structures sociales, les déplacements accélérés de la population grâce à la facilité des moyens de transport, les modifications profondes des conditions matérielles de l'existence et de l'activité rendent bien difficile la description de notre état socio-linguistique, surtout du point de vue phonétique.

Aussi, le tableau que nous proposons ci-dessus résume-t-il une observation purement empirique. Il faut donc le considérer comme une hypothèse de travail et non pas comme un exposé dogmatique. Existe-t-il des corrélations positives entre le niveau phonétique d'une part, les couches sociales, le degré d'instruction, les professions ou métiers, le milieu géographique, les conditions du peuplement d'autre part; aucune de ces questions n'a encore reçu de réponse scientifique.

Sans doute cette analyse n'est-elle pas notre tâche la plus urgente. Il tombe sous le sens, croyons-nous, que le niveau phonétique du Canada français en général (sauf dans une élite d'ailleurs grandissante) est inférieur à celui de la plupart des pays francophones.

A notre avis, cette infériorité présente quatre caractéristiques principales : la mollesse de l'articulation, qui va parfois jusqu'au brouillage, l'altération du timbre de certaines voyelles, la pauvreté ou la vulgarité de la voix, l'étroitesse du registre de la mélodie phrastique et des intervalles de la modulation.

Notre tâche la plus urgente consiste sans doute à donner aux maîtres une connaissance suffisante de la phonétique et de l'orthoépie, un sens aigu de l'observation acoustique et une grande souplesse d'adaptation méthodologique.

Notons en effet que l'enseignement de la phonétique, considéré jusqu'à ces dernières années comme une discipline de luxe réservée au Conservatoire ou à quelques institutions privées, ne figure au programme officiel des écoles publiques que depuis peu de temps. En 1942, nous avions personnellement l'impression d'annoncer une révolution en exposant, dans une conférence à la Société du Parler français au Canada, un projet d'organisation de l'enseignement de la phonétique à l'intention du personnel enseignant (*l'Enseignement secondaire*, octobre 1942).

Mais avant tout, il importe d'opérer chez les professeurs, les élèves et la population en général si possible, une prise de conscience du problème linguistique au Canada français. Il faut que tous perçoivent et « sentent » les rapports indissolubles qui unissent langue et pensée, langue et sensibilité, langue et personnalité, bref langue, culture et civilisation.

Si nos observations sont justes, on peut distinguer trois étapes dans l'évolution de la pensée linguistique chez nous. On a d'abord compris la nécessité de lutter contre l'anglicisme lexical et d'enrichir le vocabulaire, puis on a commencé à percevoir les faiblesses et les déviations de la syntaxe, enfin, tout récemment, les esprits s'éveillent à la musique du langage. On s'avise – bien tard, hélas ! – que la qualité sonore du langage est au moins aussi importante, pour le prestige d'un sujet parlant ou d'un groupe linguistique, que la précision du vocabulaire ou la correction de la syntaxe. Le langage est un instrument d'échange entre les hommes, comme la monnaie ou le système des poids et mesures; il doit être juste et précis. Mais le langage est aussi un élément de la vie sociale, comme la politesse et les bonnes manières; sa qualité musicale indique le degré de civilisation du peuple qui le parle.

Du point de vue de la phonétique française, on peut dire qu'à travers la multiplicité des accents, en Europe et en Amérique, il existe un dénominateur commun dans chacun des deux continents. (La même observation s'applique à l'anglais.) Or ce dénominateur commun est certainement plus élevé en Europe qu'en Amérique (exception faite des colonies françaises d'Amérique centrale où l'enseignement a toujours été dispensé par des instituteurs ou des professeurs de France). Compte tenu des différences d'ordre géographique ou climatique, le décalage des niveaux phonétiques entre les deux continents s'explique, croyons-nous, par l'histoire, la culture et particulièrement le sens esthétique. Sans entrer dans les détails d'une analyse poussée, disons que l'Europe est parvenue depuis longtemps au stade de la pensée et de la parole, tandis que l'Amérique sort à peine du stade de la colonisation. En Europe, le langage fait partie de l'art de vivre; en Amérique, le langage est avant tout un instrument utilitaire dont la qualité esthétique importe peu.

Au Canada, l'aspect phonétique de la langue commence seulement à préoccuper certains esprits, répétons-le. Or l'éducation phonétique est particulièrement difficile, parce qu'elle s'attaque aux couches profondes de la personnalité et qu'elle doit vaincre des résistances psychologiques et sociales extrêmement puissantes et tenaces. Le sujet parlant corrige plus volontiers un mot de son vocabulaire habituel qu'un phonème de sa prononciation. Ce phénomène s'explique d'ailleurs par trois raisons : la zone des réflexes phonétiques est plus primitive que celle des réflexes lexicaux dans la structure psychique; la modification d'un phonème est beaucoup plus apparente que celle d'un mot, dans le langage d'un individu, parce que chaque phonème se répète beaucoup plus souvent que n'importe quel mot, dans un texte donné; la prononciation l'emporte sur le vocabulaire et la syntaxe comme critère de classement social, d'où la nécessité, pour l'individu qui tente de corriger ses habitudes phonétiques, de vaincre la pression du groupe dont il fait partie.

Vers l'avenir

En dépit de toutes les difficultés que nous avons exposées, la langue et la civilisation françaises ont survécu au Canada. C'est déjà beaucoup. Nous vivons en ce moment une époque de mutation universelle où toutes les civilisations s'interrogent. C'est le moment de répéter, après Valéry : « Nous autres, civilisations, nous savons maintenant que nous sommes mortelles. » La situation est périlleuse, comme toute phase critique de l'évolution; mais elle n'est pas désespérée. Elle prélude au contraire à une mutation merveilleuse, pourvu que nous sachions et que nous voulions « aider la nature ».

La littérature canadienne d'expression française a accompli de grands progrès depuis le début du siècle, comme le montrent sans doute d'autres chapitres du présent ouvrage. Certains de nos écrivains qui croyaient à l'opportunité de créer chez nous une langue particulière, le franco-canadien, semblent avoir abandonné cette idée pour se rallier au français international, sauf dans les œuvres régionalistes où l'on respecte, en le stylisant, le parler de certains personnages, par souci d'authenticité, comme dans toutes les littératures. Nous accédons maintenant à l'universel. Mais s'il est vrai que dans la lutte pour la vie en pays bilingue une langue ne peut maintenir son prestige sans une littérature, il est vrai aussi que la littérature seule ne peut faire vivre une langue.

On ne saurait trop répéter que la question linguistique est une question de civilisation, qui embrasse tous les groupes sociaux et toutes les activités de la collectivité nationale. Il faut lutter sur tous les fronts : langue écrite et langue parlée; régions soumises à l'influence maximum de l'anglais (régions urbaines ou limitrophes des territoires anglophones) et régions mieux préservées; couches sociales de tous les niveaux; pénétration progressive des couches inférieures par les couches supérieures.

Nos moyens d'action s'organisent, en même temps que s'opère une prise de conscience. L'Office de la Langue française du Québec existe enfin. Il publie un bulletin de linguistique intitulé *Mieux dire*. Sans doute cette initiative n'est-elle qu'un prélude au travail immense qui attend l'Office, s'il doit émonder, rectifier et vivifier les multiples rameaux de la langue, cet arbre de la science du bien et du mal : publicité, affichage, radio et télévision, langages techniques, langue courante.

Parmi les influences qui ont le plus contribué à conserver ou à développer au Canada la langue et la civilisation françaises, les observateurs s'accordent à placer au premier plan la radio, la télévision et le cinéma français.

En ce qui touche la radio et la télévision, il est normal que Radio-Canada soit à la tête des agents de diffusion de l'influence française, vu son indépendance relative (mais bien insuffisante encore, hélas !) des servitudes commerciales, à titre de radio d'État. On peut dire que ses chaînes de radio et de télévision atteignent toute la population francophone du Canada, depuis les provinces Maritimes jusqu'aux Rocheuses.

Du point de vue de la langue et de la tenue des émissions, Radio-Canada, en dépit de quelques faiblesses et de concessions impardonnables au parler vulgaire dans certaines émissions dramatiques, s'est acquis très tôt une réputation enviable, en sorte qu'elle fournit pratiquement à la population francophone du Canada la norme du français parlé dans notre pays. Elle doit cette autorité à plusieurs facteurs, dont voici les principaux :

De par sa constitution même, la Société Radio-Canada a pour premier objectif la diffusion de la culture. Sans doute n'est-elle pas encore complètement indépendante des servitudes de l'annonce commerciale, répétons-le, mais les subventions de l'État lui permettent quand même, dans ce domaine, une plus grande liberté que celle des postes privés.

Dès sa création, la Société s'est montrée particulièrement exigeante dans le choix de ses annonceurs et de tous les participants à ses émissions.

Il y a quelques années, la Société a formé un comité de linguistique, qui publie mensuellement des fiches de vocabulaire et de syntaxe ainsi qu'un bulletin de doctrine linguistique. Ces fiches (pour lesquelles le Comité a obtenu la coupe Émile-de-Girardin 1963) et ce bulletin, destinés d'abord au personnel de la « maison », atteignent maintenant une large diffusion dans le grand public.

Depuis 1937, la station de Montréal (la plus importante de la chaîne française) maintient des rubriques hebdomadaires sur les questions de langue. Ces émissions linguistiques, qui entraînent des relations constantes avec les usagers du français au Canada et notamment avec le monde de l'industrie et du commerce représenté par les commanditaires et les publicitaires, nous permettent de saisir l'ampleur du problème de la langue chez nous.

La radio et la télévision ne se contentent pas, il va sans dire, de diffuser des émissions de doctrine ou de correction linguistique, mais elles créent en quelque sorte une atmosphère française par le film, le théâtre, la conférence et les nombreux échanges avec l'O.R.T.F. D'autre part, elles contribuent largement à l'établissement d'une norme linguistique qui rattache le français du Canada au français universel.

Dans le domaine de l'enseignement, nous avons eu l'honneur de participer nous-même à l'institution d'un examen de langue dans les écoles normales, où n'existait (comme en France) qu'un examen de caractère littéraire. On sait en effet que la nature de l'examen exerce une influence profonde sur « l'esprit » de l'enseignement. Nous espérons que cette orientation sera suivie dans les réformes qui s'annoncent à tous les degrés de l'enseignement.

Parmi ces réformes en perspective, on ne devra pas oublier la plus importante, à notre avis : l'enseignement de la phonétique et l'enseignement méthodique du vocabulaire de la langue courante à tous les degrés du cours primaire et du cours secondaire. Cet enseignement devrait être sanctionné par un examen oral officiel et éliminatoire, au même titre que l'enseignement de l'orthographe, de l'arithmétique ou de toute autre matière fondamentale.

CONCLUSION

En dépit des circonstances adverses, la langue et la civilisation françaises se sont maintenues au Canada. Elles possèdent encore, croyons-nous, la vitalité nécessaire pour vaincre la crise actuelle et prendre un nouvel essor, grâce aux instruments modernes de culture intellectuelle et humaine. Mais cette évolution dépend de quelques conditions essentielles :

> Un travail intense de « motivation » auprès des maîtres, des élèves, voire du grand public, par l'étude sereine et méthodique du problème de la langue en général, et particulièrement au Canada français. Peu de gens, même parmi les professeurs, y ont vraiment réfléchi. La masse (c'est-à-dire, dans ce domaine, l'immense majorité de la population) a

bien plus besoin d'être éclairée que d'être consultée. De même qu'une saine vulgarisation de l'hygiène physique et mentale s'impose aujourd'hui, de même le temps semble venu de diffuser certaines notions élémentaires des sciences linguistiques, sciences humaines par excellence et qui élargissent singulièrement les vues de l'esprit sur le langage.

Le retour à la « bonne éducation » (politesse, simplicité, belles manières, civilité puérile et honnête) chez les parents et chez les maîtres, en réaction contre le débraillé actuel.

Le rétablissement d'une discipline raisonnable et de certaines valeurs humanistes dans la famille et à l'école.

La mobilisation coordonnée de toutes les bonnes volontés et particulièrement des pouvoirs publics en vue d'une action à la fois ferme et souple, déterminée par des mesures plus efficaces que spectaculaires ou verbales, plus compréhensives que draconiennes, et s'inspirant d'une compétence sans vanité.

8
Les beaux-arts

YVES ROBILLARD

« IL N'Y A PLUS d'avant-garde », disait, en 1967, un directeur de revue d'art parisien, entendant par là que si avant-garde veut dire minorité, interdiction, refus, combat, on prône aujourd'hui si rapidement toute nouveauté que l'art est devenu une question de mode. Les modes artistiques sont devenues pour beaucoup de gens des bêtes noires qu'il faut fuir, comme s'il n'y avait pas toujours eu des suiveurs, et que l'artiste, le véritable, devait être un grand méconnu. Il n'y a plus d'avant-garde, telle que l'entend ce directeur de revue, parce que nous sommes de plus en plus informés.

Néanmoins, il existe toujours chez l'artiste de nouvelles façons d'entrevoir l'art. Certaines ne sont le fait que de considérations techniques, d'autres impliquent une nouvelle esthétique, c'est-à-dire une transformation totale d'attitude face à l'expression. Il existe toujours de nouveaux idéaux esthétiques parce que l'artiste sent toujours le besoin d'en arriver à une expression plus totalisante en accord avec son milieu et son temps. Il faut étudier de près ces transformations d'idéaux.

Parler de ce qui s'est passé au Québec en 1967 revient pour moi à faire le recensement de ces différents idéaux, à dire quels sont ceux qui prévalent, ceux qui naissent et ceux qui déclinent; cela revient à montrer aussi quels artistes les ont les mieux réalisés et comment. Il va sans dire que les idéaux esthétiques sont aussi importants que les œuvres. Le symbolisme, le dadaïsme et le surréalisme sont là pour le prouver, trois mouvements qui ont eu autant d'importance sur la modification de la sensibilité par les théories que par les œuvres quand elles existaient. Dans notre siècle de communications, l'artiste isolé est un mythe à dépasser, le refuge d'une certaine conception vieillotte de l'humanisme, celle qui fait de l'artiste la planche de salut contre la technologie. Les modes ne doivent pas être rejetées mais dépassées.

Ainsi donc, si 1965 a marqué, au Québec, le triomphe de l'idéal plasticien par la victoire des tenants de cette esthétique au Salon du printemps du Musée des Beaux-Arts de Montréal, par la participation de certains d'entre eux à l'exposition *Responsive Eye* qui a lancé internationalement le *op art*, et parce qu'ils représentaient en majorité le Canada à la Biennale de São Paolo, 1966 marquait l'apparition dans notre milieu d'un nouveau genre de sculpture au fini industriel, sculpture faisant beaucoup plus appel aux yeux qu'à la main du spectateur, avec Leroy, Saxe, Comtois; marquait l'apparition d'une nouvelle génération d'artistes très préoccupés par la recherche d'une nouvelle figuration, avec Lepage, Lemonde, Lajeunie, Montpetit, Fortier; marquait enfin l'avènement, chez certains aînés, d'un souci nouveau d'efficacité sociale de l'art, avec Mousseau, ses discothèques et la décoration du métro, Ferron et ses verrières, Richard Lacroix et Fusion des Arts. Qu'allait nous offrir 1967 ? Disons-le tout de suite : le renforcement de toutes ces positions.

1967 a été une année marquante pour le Québec qui, grâce à l'Exposition universelle, a comblé son manque d'information dans le domaine des Beaux-Arts. Il a été donné à tout Québécois la possibilité, non seulement de se confronter à ce qu'il y avait de plus nouveau, mais également de se faire une idée ou de récapituler ses notions sur l'histoire de l'art au vingtième siècle. Nous ne parlerons, par contre, ici que de ce qui s'est passé sur le plan national.

Nos artistes ont eu de nombreuses occasions de participer à des manifestations collectives. D'abord, certains d'entre eux ont eu la chance de réaliser des sculptures monumentales pour le site de l'Expo universelle. Il y avait de plus à la Terre des Hommes, la galerie d'art du pavillon du Canada. Il y a eu en juin-juillet les deux panoramas de la peinture québécoise depuis 1945, au Musée d'art contemporain. Il y a eu « 300 ans d'art canadien » à la Galerie nationale d'Ottawa et, à Toronto, les expositions « Perspectives 67 » et « Sculptures 67 ». Il y a eu à l'automne l'exposition annuelle de l'Association des Sculpteurs du Québec, l'exposition des « Concours artistiques du Québec » au Musée d'art contemporain et au Musée des Beaux-Arts, le « Salon de l'Académie royale du Canada » et du « Groupe des peintres canadiens ».

Plusieurs aînés ont eu des expositions individuelles. Rappellons-en quelques-unes : celles de McEwen et Barbeau en février, de Comtois en avril, de Gaucher, Juneau, Kiyooka en mai, de Saxe en juin, de Riopelle en juillet, d'Alleyn en octobre, de Goulet en novembre, et les rétrospectives de Toupin et de Mousseau qu'avait organisées le Musée d'art contemporain, respectivement en février et en décembre.

Quels étaient en 1967 les idéaux esthétiques prévalents ? On peut les ramener à cinq. Notre étude sera donc divisée en cinq parties : l'expressionnisme abstrait, les plasticiens, la sculpture visuelle, la nouvelle figuration et la recherche de nouvelles dimensions sociales.

L'EXPRESSIONNISME ABSTRAIT

L'expressionnisme abstrait, le tachisme, l'*action painting* sont des termes qui se réfèrent à peu près au même idéal artistique. Il s'agit d'un langage basé sur l'immédiateté du geste du peintre qui trouve la structure de son tableau en se laissant guider par les qualités de la matière d'abord posée un peu hasardeusement. C'est une peinture de gestes, au départ, plutôt gratuits, qui doivent exprimer l'état d'âme de l'artiste.

Cet idéal a été prôné ici en 1948 par les automatistes qui, en fait, ont situé leurs expériences dans un schéma formel classique, c'est-à-dire caractérisé par le clair-obscur au lieu de faire en sorte, comme à New York, que les taches projetées sur la toile soient évaluées en tant que couleur-énergie, qu'espace énergétique. Les automatistes ont été des paysagistes abstraits. Nombreuses ont été les personnes qui ont suivi leur idéal. Arsenault, Lefébure, Gervais, Letendre, Maltais, Bellefleur, Germain ... en ont fourni de magnifiques exemples.

Mais voilà, l'expressionnisme abstrait perd de sa signification avec les années. Et les taches qui, à un moment donné, nous étaient apparues lourdes de contenu nous sont devenues tellement banales qu'elles semblent ne plus avoir de sens. Quel est l'apport des expressionnistes abstraits aujourd'hui ? A peu près nul ! Maltais a sombré dans une peinture qui ressemble à du Pignon; Gervais et Lefébure ont cru voir une échappée en suivant la leçon des derniers tableaux de Borduas, mais ils se sont mis depuis à faire de la sculpture. Letendre réalise maintenant une peinture *hard-edge*. Marcelle Ferron est peut-être la seule à avoir trouvé quelque chose de neuf en exécutant une douzaine de verrières pour le Pavillon des Hommes d'affaires. Ses verrières laissent flotter des formes amples et simples, au contour strictement défini, suggérant divers rythmes, dramatiques ou apaisants, dans un espace énergétique défini par l'intensité des verres colorés et leur translucidité. Outre Giguère, dont l'expression pourrait être comparée à celle de Max Ernst, en ce sens qu'il se sert de l'automatisme, mais pour définir une thématique littéraire, de nombreux artistes pratiquent encore l'expressionnisme abstrait. Rajotte, Dulude, Gendron, Girard, Mongeau répètent des exercices stériles. Je parlerai d'Arsenault, Louis Jacques, Filion, Toupin, Riopelle, McEwen et Charles Gagnon. Arsenault et Louis Jacques ont exposé au deuxième panorama de la peinture québécoise; les quatre artistes suivants ont eu des expositions individuelles en 1967. Charles Gagnon a participé à de nombreuses expositions collectives.

Réal Arsenault et Louis Jacques ont tenté de renouveler l'expressionnisme abstrait en faisant appel à des formes simples, beaucoup de blanc et des couleurs lumineuses, mais leurs tableaux, quoique très réjouissants, restent insatisfaisants sur le plan de la structure. Arsenault a défini la différence entre hier et aujourd'hui en ces mots : « Je m'intéresse maintenant beaucoup plus à l'espace qu'aux sous-terrains ». Son tableau exposé à Panorama était intitulé *Esquimau*. On nous offrait là une suite d'aurores boréales, une fête de couleurs polaires, de couleurs dont la contexture était imprécise, neigeuse comme des flocons.

Alors que, autrefois, Arsenault s'en remettait surtout aux accidents organiques d'une matière épaisse pour structurer ses tableaux, il essaie depuis quatre ans d'en réduire l'importance, comptant beaucoup plus sur le dessin précis de ces formes et les différents jeux de couleur. Il n'utilise plus de matière épaisse, mais conserve néanmoins l'organique de par ses façons de poser la couleur, le léché, le sali, l'atmosphérique, etc. Ces couleurs délimitent des formes plus précises qu'autrefois qu'il oppose maintenant à des formes géométriques qui fournissent les grands mouvements du tableau. Arsenault désire cependant aller plus loin, renonce dans certaines œuvres à poser la couleur de façon organique, pour lui donner toute sa valeur. Il rejoint là l'expérience des arcs-en-ciel de Delaunay, sans en comprendre pour le moment les implications.

Louis Jacques a toujours été plus abstrait de conception. Il s'intéressait, lui aussi, en 1962 aux traces organiques d'une matière granuleuse, mais situait son expérience beaucoup plus sur une base géométrique. Ses tableaux actuels partent du blanc et reviennent au blanc. Entre les deux, une lente modulation de la couleur, créant ici et là diverses sensations d'ondulations, donnant lieu à des formes qui semblent n'exister que par l'effet des couleurs et n'émerger de rien. Mais voilà, d'autres formes interviennent, créées par divers rythmes gestuels qu'il pose un peu au hasard, en expressionniste abstrait, et c'est là qu'il y a problème. Louis Jacques s'intéresse au rapport entre la modulation ondulatoire d'une couleur et la naissance d'une forme, conséquence de rythmes gestuels. Il n'arrive pas à trouver une solution adéquate : on ressent toujours un hiatus, sur le plan de la construction du tableau, entre la structure de la forme et l'ondulation de la couleur.

Gabriel Filion et Fernand Toupin sont aussi des peintres du blanc, mais qui conservent les effets de texture. Filion s'intéresse a créer une lumière, disons « sidérale ». Ces tableaux sont des sortes d'évocations « de planètes inconnues ». On voit, l'une à côté de l'autre, différentes couches de terrain qui semblent tranquillement se mouvoir chacune dans une direction donnée. Filion y arrive par la texture de ses matières qu'il oriente dans tel ou tel sens. Ces différentes couches sont d'autre part à différentes hauteurs dans la profondeur du tableau. Filion crée cet effet par l'épaisseur de ses matières allant jusqu'à un assez haut relief. Ces portions de terrains donc ont des directions, différentes profondeurs. Elles ont enfin chacune un éclairage particulier – leur coloration – qui vient tout brouiller les distances. Une forme dans le fond pourra apparaître en relief, un relief paraître dans le fond : c'est l'éclairage des autres planètes. Filion applique une couleur de fond intense et, sur le relief de ses textures, une couleur soufflée : en somme il crée un jeu de couleurs qui se mélangent sans se toucher.

On peut avec de la bonne volonté arriver à oublier tous les moyens impliqués et vivre la vision du monde en mouvement que l'artiste nous propose. Mais on revient constamment aux moyens. Certains reliefs sont trop hauts et se rattachent mal au fond, les couleurs de fond s'opposent en contraste trop fort aux reliefs et souvent on a l'impression que l'artiste a du mal à composer avec le cadre.

Fernand Toupin, au contraire, est un as de la composition. Je lui reproche cependant de manquer de force, d'être un esthète sans conviction, de ne s'en tenir qu'à la surface des choses. La rétrospective que lui a organisée le Musée d'art contemporain en avril était très sympathique surtout parce qu'elle nous permettait de connaître ce qu'avait été la peinture plasticienne vers 1954-1955 : Toupin a été un des premiers plasticiens de Montréal, et le premier à rompre avec le cadre régulier d'un tableau. Mais toute cette période n'a été pour lui que prétexte à exercice de style. Il ne s'est véritablement trouvé qu'en 1961 et cela, avec le paysagisme abstrait.

Ses tableaux ressemblent à des sortes d'immenses champs de neige sur lesquels on remarque des traces à peine perceptibles. Toupin semble s'intéresser au domaine de l'apparaître, au moment de l'apparition d'une chose, au moment où elle commence à être plastiquement juste. Son art repose sur un équilibre très précaire entre l'exactitude plastique et l'éparpillement des éléments constituant le tableau, cela réalisé de façon à obtenir une harmonie sans tensions. On voudrait qu'il creuse avec force le problème de l'apparence. Il préfère affiner ses traces, les colorer de façon délicate ou les isoler en des sculptures organiques d'un bronze étincelant.

C'est à peu près le même reproche que je fais aujourd'hui à Riopelle. Il n'en a pas toujours été ainsi, mais il semble maintenant manquer de tension, ne pas aller aussi loin qu'il l'a laissé espérer. Je m'explique. La petite rétrospective, que lui a organisée en juillet le Musée du Québec, m'en fournit l'occasion.

Riopelle a d'abord été un tachiste. De grands jets de couleurs fouettaient la toile dans tous les sens. Puis il a changé de technique, plaquant directement du tube la peinture sur la toile en 1950-1951, puis l'aplatissant et l'organisant avec son couteau à palette en 1953. C'est ce dernier genre qui a fait sa renommée.

Que voit-on ? Une sorte de mosaïque de couleurs, couleurs qui voudraient déborder le cadre du tableau. Riopelle a une façon spéciale de composer. Son couteau donne une direction aux formes et la couleur, d'autre part, a une autre direction. Il en résulte un fractionnement de la matière et des rythmes lumineux qui s'établissent un peu partout sur le tableau de façon saccadée. Les couleurs pâles servent à aérer l'ensemble, mais rarement on a l'impression d'un fond et d'un devant du tableau. La lumière des tableaux de Riopelle aussi est spéciale. Elle vient de ses harmonies bizarres de couleurs, des oranges avec des turquoises par exemple. En général, on peut dire que cette lumière est froide et de nombreux commentateurs ont parlé de « feux polaires » à propos de Riopelle.

La sensibilité qui se dégageait des tableaux de cette époque évoquait une sorte de miroitement perpétuel de vains feux qui n'osaient s'affirmer avec fracas. Et l'on revenait toujours, à la vue des tableaux de Riopelle, à cette sensation de fractionnement perpétuel qui nous laissait insatisfaits dans l'attente d'autre chose. Tant et si bien que j'avais cru, un moment, que cette inquiétude pouvait être celle même du monde de l'artiste.

Mais vers 1959-1960, l'artiste s'est mis à tracer de grands gestes larges dans ce fractionnement. Un combat semblait s'engager et la couleur de certaines parties éclater, inonder la surface, telle une lave profonde qui venait détruire l'ancien miroitement polaire. Puis, on a senti chez Riopelle le désir de grouper ces traits en des formes unifiées, quelque peu monstrueuses, qui engageraient une action (*cf.* la *Dame de Carreau*, la *Danse*, de 1962). Riopelle allait transcender son vocabulaire et devenir violent. Il a fait de la sculpture pour préciser ce besoin de formes cernées. Et c'est alors comme s'il s'en était remis à l'apparence extérieure des choses. Ses peintures et dessins maintenant esquissent des formes plus ou moins figuratives mais qui ne sont rien d'autre qu'un foisonnement d'éléments épars, de surface, pourrait-on dire. Riopelle revient, sous une autre forme, à son fractionnement perpétuel.

Jean McEwen a été l'un des premiers peintres québécois, et sans doute le plus grand, à être expressionniste abstrait et non paysagiste abstrait (entendu dans le sens new-yorkais). Il a depuis longtemps abandonné les effets de texture pour accorder plus de liberté à la couleur. L'expressionnisme n'est plus ici qu'une façon de poser la couleur en forme de petits nuages. Son exposition de février à la Galerie Lefort montrait qu'il cherchait à s'orienter vers autre chose : on le sentait tenté par la peinture optique. Il continuait, d'autre part, ses variations sur les marges commencées en 1965.

Ses tableaux sont divisés en trois bandes verticales, les deux bandes latérales étant plus larges que celle du centre. Ces deux bandes latérales sont encadrées chacune d'une mince ligne de contour qui les isole chacune dans un rectangle tandis que la bande centrale traverse verticalement la surface sans délimitation en hauteur autre que les bords du tableau et, en largeur, que le voisinage des bandes latérales. Enfin, McEwen a coloré sa bande centrale d'une couleur unie, éclatante, habituellement un rouge ou un orange, et ses bandes latérales d'une couleur de fond, habituellement plus pâle, sur laquelle se détachent presque imperceptiblement des formes d'une autre couleur qui ressemblent à des sortes de nuages. Il se passe alors que la verticale centrale s'impose à nous avec évidence, presque immutabilité. Elle représente le permanent, la force infinie qui ne peut que croître, alors que les formes nuageuses des bandes latérales semblent en continuel mouvement d'un panneau à l'autre, passant ainsi, psychologiquement, en dessous du rayon de lumière central.

McEwen avait intitulé son exposition « la Folie conduisant l'amour ». Peut-être voulait-il signifier ainsi que ce point central d'une intensité sans égale était ce qui animait et canalisait tout ce qui l'entourait. En tout cas, cette intensité frappait l'œil avant toute autre chose à la vue des tableaux.

Bien que construits très consciemment, ces tableaux n'en donnent pas moins l'impression que la structure n'est pas ce qui prime dans les dessins de l'artiste. Importe beaucoup, semble-t-il, le contenu émotif que l'on en retirera. Ce contenu est fait de sensations colorées qui nous emportent en dedans de nous-mêmes au lieu de nous inviter à nous interroger sur la nature de la couleur, à quoi nous sollicitent les plasticiens. La rythmique de la couleur dans les tableaux de McEwen est la rythmique de l'état d'âme de l'artiste avant d'être expérimentation des possibilités rythmiques de la couleur en tant que telle.

Charles Gagnon, comme McEwen, joue avec des plans géométriques aux couleurs très intenses et d'autres plans, où il peint, lui aussi, ce qui semble être de petits nuages. Mais ceux-ci ont ici une fonction bien précise : libérer le spectateur de l'obsession des plans géométriques aux couleurs intenses pour ouvrir une porte à la rêverie.

Sur le plan formel, Gagnon joue à équilibrer de façon paradoxale des plans géométriques aux couleurs intenses, à d'autres plans géométriques dont les couleurs ont un traitement apparemment bâclé et flou. Sur le plan psychologique, il se passe une expérience à peu près identique à ce qui vous arrive lorsque vous marchez rapidement dans la rue. Qu'y voyez-vous ? Des pans de murs, des vitrines et, quelquefois, un coin de ciel entre deux édifices. Tout cela s'installe dans votre tête, dans votre mémoire, en un jeu de plans en mouvement, de différentes couleurs, de différentes forces, plans qui obstruent votre visibilité, occupent votre esprit mais qui quelquefois laissent échapper une percée vers l'infini, un coin dans lequel vous installez votre rêverie.

Charles Gagnon a tendance à considérer le tableau non comme un objet devant lequel on s'assoit mais devant lequel on marche et on vit, une suite de plans rectangulaires qui agacent notre esprit ou l'invitent à rêver. La façon dont il place ses plans invite d'ailleurs le spectateur non pas à cerner la totalité de la surface du tableau mais au contraire à concevoir celle-ci comme un jeu de plans séparés qui renvoie l'œil en dehors des limites de la toile. Seule compte finalement la présence actuelle de la masse colorée que nous sommes à regarder, mais perçue avec la mémoire de celle que nous venons de regarder. L'une donne à l'autre sa direction, jusqu'à ce que nous soyons invités à passer notre chemin.

Charles Gagnon est un homme d' « idées ». Il expérimente plastiquement avec succès à chaque exposition un nouveau concept. On aimerait qu'il le poursuive. Il préfère changer. L'expressionnisme abstrait n'est sûrement pour lui qu'un concept. Il s'en préoccupe encore dans la mesure où il choisit délibérément de poser certaines couleurs de façon organique.

L'idéal esthétique de l'expressionnisme abstrait, c'est-à-dire de ce langage dont la structure résulte des qualités de la matière employée et de l'expressivité gestuelle du peintre, ne semble plus être en mesure de se régénérer en peinture, autrement qu'en utilisant des moyens extérieurs à lui. Il n'en est cependant pas exactement de même en sculpture, et cela pour deux raisons. Premièrement, parce que cet idéal d'une structure, résultat de l'expressivité organique des matériaux, n'a jamais été strictement observé. La sculpture, jusqu'à ce qu'on la colore, a toujours été plus figurative que la peinture. Elle avait de ce fait d'autres critères de structuration. Deuxièmement, parce que le sculpteur peut toujours disposer de nouveaux matériaux et tenter avec ceux-ci de nouvelles expériences, ainsi qu'en témoigne Armand Vaillancourt, le seul sculpteur véritablement expressionniste abstrait. Depuis des années, il se penche sur la texture des matériaux pour nous révéler ce qu'elle renferme de vie. Il aime tendre à l'extrême la matière en la faisant éclater ici et là en des déchirures. Il réalisait, aux pavillons de l'Administration à l'Expo 67, deux murs spectaculaires, faits d'un mélange de béton et de verre colorés et pleins de boursouflures et de craquelures.

Roussil, Huet et Dinel ont longtemps fait une sculpture dont les formes pouvaient avoir quelque allure zoomorphique ou végétale, mais chacun témoignait en même temps de son obsession formelle particulière. Robert

Roussil, par exemple, a toujours aimé les formes lourdes au modelé relâché, mais il avait besoin en même temps qu'elles se tendent vers le ciel. Il a présenté en 1967, au Jardin botanique de Montréal, une série de magnifiques pièces, réalisées à partir de « poteaux de téléphone » à peine retouchés. Jacques Huet, lui, a l'obsession du vide. Ces pièces veulent s'élancer vers l'infini. Il a tendance à les effiler jusqu'à l'extrême pointe mais il contrecarre toujours cet élan et son modelé hésite continuellement, manque finalement de tension. Il a vécu en 1965 sur une ferme et a décidé depuis ce temps d'employer des matériaux « paysans ». Il présentait en ce sens à l'Exposition de l'Association des sculpteurs du Québec, deux œuvres intéressantes, réalisées avec des bardeaux de bois. Roland Dinel est un homme d'équilibre. La tension dans ses sculptures doit être égale partout. Les formes, pour lui, dépendent du thème qu'il a en tête et du matériau dont il dispose, thèmes qui peuvent être aussi vagues que l'amour, la haine, la fraude politique, le progrès non planifié ... Il a le goût d'une schématisation puriste des formes – il dessine beaucoup à cette fin – mais désire en même temps laisser parler l'expressivité organique de son matériau. Ses pièces de 1967 sont des constructions. On pense à des réseaux de communications, à des architectures qui pourraient bien être celles de quelques appareils aériens inédits.

Jean-Noël Poliquin a aussi le souci de la pureté de la forme, mais il ne s'agit pas pour lui de schématisations, car son langage est, dès le départ, plus abstrait. A la limite, son expression pourrait se rapprocher de celle des formes végétales de Penalba mais de beaucoup moins naturaliste. La sculpture, pour Poliquin, c'est avant tout un jeu d'amples formes lourdes et rondissantes, non trop massives et animées de mouvements emportés, suggérés surtout, par des arêtes précises et aussi par leur emplacement dans l'espace. Il y a une sorte de combat dans la sculpture de Poliquin, un combat entre la lourdeur et l'élancement, mais ce combat doit rester discret – en une sorte de *statu quo* – et ne pas être ressenti dans le modelé. Il présentait à l'Exposition des sculpteurs une pièce en ciment fondu.

Ivanhoe Fortier fabrique ce qu'il appelle des « études architecturales ». Il s'agit de sculptures de bois, taillées à même la souche, qui nous apparaissent d'abord comme des imbrications assez fortuites de volumes pleins, mais sans pesanteur, aux contours géométriques irréguliers. Ces imbrications font l'intérêt de ce genre de sculpture. Les volumes sont imbriqués sans apparence de nécessité logique. Ils défient toutes les lois de la pesanteur, sont posés les uns sur les autres de diverses façons qui devraient nous sembler très instables, mais ils sont si bien équilibrés qu'ils ne créent chez le spectateur aucun sentiment de tension. De plus, leurs emplacements et les contours géométriques des formes, irréguliers et très différents de l'une à l'autre, donnent naissance à un jeu de rapports assez inusité des plans qui nous apparaissent dès qu'on tourne autour de la sculpture. Enfin, pour mieux différencier les volumes, Fortier donne à chacun d'eux une texture différente qui ajoute encore au caractère inusité des rencontres des plans et des volumes entre eux. Le but de Fortier est de fournir au spectateur toujours un nouveau point de vue. Il pense pour chaque volume une forme, une texture et un emplacement différents. C'est là la moitié de ses préoccupations. L'autre concerne la fabrication des sculptures-jeux pour jardins d'enfants, en général des balançoires suspendues à une armature métallique qui permet aux jeunes de grimper. Les problèmes formels sont ici renversés. Il s'agit maintenant de volumes vides où importe beaucoup plus l'étude des plans dans l'espace et de la structure linéaire, Fortier essayant tout de même de varier le plus possible la texture de ces plans.

Charles Daudelin s'occupe aussi d'études architecturales. Il dirigeait en 1967, à l'École des Beaux-Arts de Montréal, l'atelier de liaison entre la sculpture et l'architecture. Ses propres œuvres sont de véritables petites sculptures-architectures. Il les a réalisées, par contre, après que Roussil en eut répandu l'idée ici. Elles sont en général de forme cubique avec les bords arrondis, et massives sans l'être véritablement. C'est d'ailleurs ce qui les caractérise. Daudelin sent le besoin de construire autour d'un espace central vide ce qui pourrait bien être des murs. De bonne allure, ses pièces restent bien sages et sans tension. Ce qui les sauve pourrait bien être le fait de la texture, un magnifique bronze doré ayant les empreintes d'une styromousse rognée qui donne l'impression qu'on contrôle la corrosion.

Louis Archambault est le doyen de nos sculpteurs modernes. Il réalisait en 1950 un oiseau stylisé en fer qui lui valait la vedette auprès de Chadwick dans une exposition européenne. Depuis ce temps, il s'en tient à des thèmes qu'il juge universels, le soleil, la femme, l'oiseau, l'homme, la famille, et qu'il symbolise en des formes géométriques tout en conservant l'allure générale du personnage. Sculpteur organique, il l'est dans la mesure où l'on peut dire que Calder en est un. Mais au lieu d'approfondir ses thèmes, il ne fait que les répéter d'année en année, variant les formes selon les médiums qu'il emploie. Archambault avait la place d'honneur à l'Expo 67, d'abord avec son *Couple*, installé sur la terrasse du Musée de la Terre des Hommes, et ses douze personnages des jardins du Théâtre du pavillon du Canada.

Germain Bergeron fait également des personnages que je préfère de beaucoup à ceux d'Archambault. Ils sont constitués de rebuts de métal trouvés, qu'il soude ensemble. La première qualité de ces pièces est le hiératisme des personnages. La deuxième, un humour très spécial qui lui vient des rencontres saugrenues des différents rebuts entre eux. Les êtres de métal de Bergeron sont au départ une allégorie des êtres humains dans une civilisation de consommation et donc de déchets de l'industrie. L'artiste ironise et tantôt se laisse prendre au jeu en créant des sortes de rapports mystérieux. Bergeron a conçu pour les terrains de l'Expo un *Don Quichotte* long d'environ quinze pieds.

Enfin, Yves Trudeau marque la limite de l'expressionnisme abstrait en sculpture ou de l'expressionnisme de la matière. Sa sculpture est caractérisée à la fois par un désir de créer un espace intérieur, une sorte de cœur des choses, un endroit pour se blottir et, d'autre part, par une tendance des volumes à s'élancer vers l'extérieur dans le vide. Trudeau rêve d'espace et de spoutniks. Ses œuvres ont un côté « carlingue de fusée », des arêtes précises, des plans géométriques, mais elles sont organisées de façon à suggérer un mouvement organique (ce qui était franchement évident auparavant). Son *Phare du Cosmos*, à la Place de l'Univers, a été la sculpture canadienne qui a eu le plus de succès auprès des visiteurs de l'Expo. Car, en plus d'être une immense voûte en dessous de laquelle on pouvait entrer, cette sculpture de trente pieds de hauteur avait, au sommet, deux parties mobiles qui simulaient les mouvements d'un radar et elle émettait des sons que les films de science-fiction nous ont habitués à lier aux voyages interplanétaires. L'effet était très fort; la plastique de la sculpture, très satisfaisante. C'est, selon moi, la meilleure œuvre qu'ait réalisée Trudeau.

LES PLASTICIENS

L'idéal esthétique des plasticiens a d'abord été de purifier la peinture des libertés expressionnistes et du hasardeux pour en arriver à un langage plus rigoureux, plus objectif, plus « réaliste ». De Mondrian, ils avaient retenu que la peinture ne devait être affaire que de rapports entre des plans géométriques de couleurs pures posées en aplat. Cette façon matérialiste de concevoir le fait pictural leur plaisait. Ils désiraient s'exprimer mais en prenant conscience du pourquoi des effets qu'ils produisaient, en tentant d'inventorier la structure de ce réel qu'on appelle « peinture ».

Ils y arrivèrent d'abord en éliminant tout rappel d'espace à perspective, entre autres, l'emploi de la couleur s'évaluant comme clair-obscur, en s'occupant de la topologie de la surface à peindre, à savoir qu'une forme à droite n'est pas exactement pareille à une forme identique placée à gauche, qu'un jaune dans un cercle est plus foncé qu'un même jaune dans un carré; en se concentrant enfin sur la valeur énergétique de la couleur, sur les phénomènes d'interaction entre deux ou plusieurs couleurs. « Ce que je veux, écrivait Claude Tousignant en 1959, c'est objectiver la peinture, l'amener à sa source, là où il ne reste que la peinture, vidée de toute chose qui lui est étrangère, là où la peinture peut être compréhensible à tous. Ce que je veux, c'est une peinture évidentielle. » Certes les plasticiens ont réussi à instaurer un langage spécifique, mais de là à dire qu'ils ont instauré une peinture compréhensible à tous, il y a une marge. Ils se défendent en disant : les gens ne sont pas encore habitués aux perceptions nouvelles qu'on leur propose. Je crois plutôt que, dans leurs recherches de « nouvelles sensations colorées », ils ont desservi la passion humaine, n'attirant notre attention que sur la structure du fait coloré. En voulant ériger un langage autonome, ils ont vidé l'art de tout le contenu qu'il pouvait avoir en rapport avec la vie quotidienne, ce qui prouve qu'il faut penser aujourd'hui, en respectant leurs découvertes, à trouver de nouvelles formes d'art plus globalisantes.

Leur participation au Panorama 2 du Musée d'art contemporain de même que l'exposition intitulée « Espace dynamique » à la Galerie du Siècle nous ont permis de retracer quelques peu l'évolution d'un mouvement existant déjà depuis plus de dix ans; mais l'histoire précise des plasticiens reste encore à écrire, ce qui nous révélera leur originalité et empêchera les détracteurs de dire qu'ils ont suivi les peintres de New York. Les plasticiens ont su s'imposer sur le plan international, et cela en demeurant dans une province où le marché d'art n'existe à peu près pas. Si l'on peut aujourd'hui refuser leurs idées, c'est grâce aux leçons qu'ils nous ont apprises. Ils ont été ceux qui ont le plus contribué au renouvellement des idées du milieu artistique depuis dix ans.

Guido Molinari réalise en peinture, depuis 1964, des séries de bandes verticales de même largeur, cela pour proposer un espace essentiellement ouvert, d'ordre séquentiel, le contraire du tableau-fenêtre traditionnel. Voir un tableau de Molinari, c'est d'abord percevoir des bandes qui ont comme fonction d'avancer et de reculer dans un espace en profondeur sans « distance assignable ». Nous sommes devant un champ de vision apparemment flou avec des vibrations apparemment aléatoires. Voilà pour la première expérience, mais la deuxième est plus importante.

Il s'agit du balayage horizontal du regard sur la surface du tableau. Lorsque j'ai les yeux sur telle bande donnée que j'ai choisi de regarder, je m'aperçois qu'un peu plus loin, à gauche et à droite, d'autres bandes s'allument. Je change alors mon point de vision, choisis une autre bande, pour m'apercevoir alors que de nouvelles bandes à gauche et à droite s'allument à leur tour et ainsi de suite. Une rythmique d'allumage s'installe qui se modifie constamment en une sorte de contrepoint selon les divers endroits où je fixe le regard. J'ai expérimenté le tableau, je m'intéresse alors à ce qui produit ces phénomènes. J'interroge la structure. Je découvre que telle série de bandes produit tel phénomène, mais que ce phénomène peut être modifié selon l'endroit où je regarde, qu'en d'autres termes il y a une structure de base, permettant à certaines choses d'arriver, mais que cette structure laisse beaucoup de possibilités de choix au spectateur. Molinari veut éprouver la donnée d'Heisenberg selon laquelle le manipulateur change continuellement la structure. Pour lui, rien n'est stable, tout est en mouvement. Dès qu'on regarde un point donné, on change ce qui est autour. Les objets ne sont que des moments dans la structure de la perception.

Il emploie des « séries » de bandes colorées parce qu'elles sont pour lui le moyen de travailler à la mutation optique des couleurs et que, cherchant à conserver à chaque couleur une certaine unité, il accentue le phénomène de la prédominance perceptive. Il répète des séries de couleurs pour accentuer à nouveau, mais cette fois-ci topologiquement, la prédominance perceptive parce que, selon lui, il n'y a jamais de répétition exacte et que le deuxième terme d'une proposition n'est jamais le même une fois que la perception a vu le premier.

L'évolution de Molinari est systématique. En 1966, il posait une série pouvant aller jusqu'à douze couleurs différentes – ce qui avait comme effet de donner des tableaux aux bandes très étroites – et répétait cette série dans un ordre différent d'apparition de chaque couleur. En 1967, il fait de plus larges bandes, choisit sept couleurs qu'il répète exactement dans le même ordre ou bien pose ses deux séries identiques avec asymétrie totale d'apparition de chaque couleur, ou avec ce qu'il appelle le renversement-miroir, ce qui nous donne des tableaux beaucoup plus horizontaux que verticaux.

Molinari a conçu également en 1967 quelques sculptures. L'une d'elles, constituée de quatre colonnes carrées de même dimension, mais chacune d'une couleur différente – rouge, bleu, jaune, vert – a été vue à l'exposition « Sculpture 67 » de Toronto; une autre, constituée de huit bandes verticales de plexiglas translucide de la même dimension – quatre jaunes et quatre vertes – a été vue aux Concours artistiques du Musée d'art contemporain. De la première, Molinari dit qu'il a été intéressé par le problème de réflexion des plans les uns sur les autres dans un espace à trois dimensions et cela surtout du fait de la présence du spectateur qui, par ses déplacements, transforme l'unité de l'objet, les rapports entre les volumes, les plans et les couleurs. La deuxième, selon moi, est plus satisfaisante, à cause de l'immatérialité du plexiglas qui nous fait perdre la notion d'emplacement respectif de chaque plaque, nous rendant alors avides de découvrir toujours de nouvelles mutations de couleur et d'espace.

Si, pour Molinari, ce qui importe c'est la conscience de l'espace-temps fictif créé par le regard du spectateur selon certains rythmes sériels de base au niveau de la couleur et de l'organisation topologique, pour Claude

Tousignant, c'est la rythmique « stochastique », terme qu'il a pris à Xenakis, c'est-à-dire conscience d'une rythmique générale centrifuge-centripète avec, à l'intérieur, toutes sortes de petites rythmiques centripètes et centrifuges aléatoires dépendant de l'œil du spectateur. Les « gongs » de Claude Tousignant semblent toujours les mêmes; pourtant en 1966, ils étaient constitués de quatre larges bandes de fond colorées différemment sur lesquelles étaient posées des petites bandes d'un quart de pouce, mais toutes de la même couleur à l'intérieur d'une même large bande, alors qu'en 1967 il travaillait avec des séries de sept bandes de deux pouces, colorées différemment, séries de couleurs répétées cinq ou six fois dans un gong mais dans lesquelles l'ordre de chaque couleur pouvait varier — ce qui assurait une plus grande unité rythmique au tableau en même temps qu'une étonnante diversité de couleur.

Des trois aînés plasticiens, Jean Goguen est le seul à vraiment vouloir utiliser le caractère dynamique des formes géométriques. Il dit : « Je crois que l'angle des lignes délimitant deux quantités colorées est aussi important que la couleur même. » Il élabore un langage de « contenant coloré ». Ce qu'il importe de voir dans ses tableaux, c'est la relativité du dynamisme de chaque élément avec l'ensemble, relativité tant au niveau de la forme que de la couleur. Chaque forme et chaque couleur en se modifiant tour à tour créent diverses rythmiques qui conditionnent la lecture du tableau. Molinari invite le spectateur à considérer son action en rapport avec telle ou telle série; Tousignant, à voir l'aléatoire des petits rythmes dans la rythmique d'ensemble; et Goguen, à remarquer la relativité des formes et couleurs de ses « contenants colorés ».

Marcel Barbeau exposait en février 1967 une série de tableaux représentant des « ondes électromagnétiques ». Il avait été frappé par le caractère ondulatoire de la lumière, phénomène lié au fait que l'on pouvait également diriger les rayons lumineux. Aussi, il fit une série de tableaux, où une forme ressemblant à une sorte d' « éclair » était placée au centre de la surface et où, de chaque côté, à l'infini, des formes identiques étaient dessinées. Cela produisait un effet de relief assez bizarre qui perdait l'œil dans la couleur donnant naissance à ce qu'il appelait une « lumière hallucinatoire ». Mais, au cours de l'année, Barbeau devait abandonner ces effets de lumière pour s'intéresser aux champs colorés que partageait l'éclair central — avec comme résultat des renversements de couleurs assez étonnants.

Jacques Hurtubise représentait le Canada en 1967 à la Biennale de São Paolo, avec une série de tableaux que l'on pouvait intituler « décharges électriques ». Parti en 1965 de taches, d'éclaboussures, d'accidents contrôlés qu'il découpait et répétait sur sa toile, il devait en 1966 et 1967 faire appel à des formes encore organiques mais qui ressemblaient aux structures symétriques et répétitives que l'on obtient dès que l'on étend une feuille de papier auparavant pliée en quatre et découpée en zigzag. L'intérêt de ces tableaux réside dans le fait qu'il y a toujours ambiguïté fond-forme, que ces formes apparemment libres et organiques tendent à une organisation géométrique de la surface et, enfin, que l'œil peut établir entre chaque jeu de formes et son entourage immédiat diverses relations semblant accidentelles, mais qui, en fait, ne le sont pas du tout. Au début de 1967, Hurtubise s'en tenait généralement à deux couleurs pour un tableau; à la fin de l'année, il en utilisait quatre et même plus.

La pulsation même de la couleur, de vastes surfaces monochromes, pourrait-on dire, certaines rouges, d'autres bleues ou jaunes ou grises ou brunes, la conscience de la totalité de la surface colorée en même temps que la diffusion de celle-ci sur les murs avoisinants, voilà ce que nous apportait l'exposition des douze tableaux d'Yves Gaucher, présentés chez Agnès Lefort en mai 1967. Gaucher avait changé et ce changement permettait de mieux voir ce qui l'avait toujours intéressé, la pulsation d'un champ énergétique de couleur. Il avait changé en ce sens qu'il laisse parler maintenant la surface totale de ses tableaux, alors qu'autrefois il accordait plus d'importance à la rythmique des petites lignes géométriques qui venaient comme jouer en contrepoint avec celle-ci, tout en la structurant. Gaucher en arrivait au tableau monochrome. Or un tel tableau est un point de départ pour autre chose ... que nous n'avons pas eu l'occasion de voir depuis.

Déception également à la vue des tableaux de Denis Juneau qui n'avait pas exposé depuis 1963. Ses toiles sont des jeux de cercles isolés, sur fond habituellement d'une autre couleur, des cercles à l'intérieur desquels il y a des parties, segments, portions que distinguent de nouvelles couleurs. Et il en résulte que chaque droite, coupant la circonférence, suggère une direction de mouvement à celle-ci. Juneau s'occupera donc d'étudier les différentes possibilités de mouvement des cercles, les uns par rapport aux autres. Il y a chez Juneau trois éléments avec lesquels il joue : la couleur de fond, l'unité de chaque forme circulaire et les directions de chaque droite constituant un segment, trois éléments qu'il varie indéfiniment. Déception parce que Juneau hésite entre se servir du fond comme d'une surface venant jouer en contrepoint avec les cercles, ou comme fond qu'on oublie pour laisser à chaque cercle ou groupe de cercles leur entière liberté. Il se passe dans les tableaux de Juneau un phénomène de positif-négatif, que contredit l'apparente liberté qu'il veut donner au cercle.

Par contre, l'exposition de Roy Kiyooka était magnifique. Il est, de tous les plasticiens, le plus lyrique. On pouvait y voir des tableaux faits d'ovales vert pâle, mauves et bleu pâle sur des fonds rectangulaires d'un bleu à peine plus foncé. Il déclarait : « Ces peintures sont des icônes qui témoignent de mon désir d'embrasser l'absolu avec un cercle géométrique. » Kiyooka est avant tout un artiste soucieux de l'élaboration d'une mythologie moderne, de l'expression des forces occultes de la vie à travers les formes les plus simples. De mentalité, c'est un mystique. Mon impression, donc, à la vue de ces tableaux, est l'obsession de l'absolu, une ambiance générale de bleu dans lequel nous sommes plongés et d'où émergent, discrètement, des formes répétitives qui suscitent différents mouvements à peine esquissés qui se perdent à nouveau dans l'immensité du bleu. La beauté du bleu et la perfection des ovales, l'infini et l'accident ! Kiyooka tient à ce que nous ressentions, à la vue des différents jeux de formes, non pas un simple jeu, mais l'accident dans l'infini.

Non strictement plasticienne, la peinture de Claude Goulet rejoint cependant le néo-plasticisme en ce qu'il fait appel à des formes géométriques et à la mutation des couleurs, opérée ici par le déplacement du spectateur. Goulet, en utilisant une technique particulière, fait trois tableaux en un. Placé à gauche, le spectateur voit un jeu de formes et de couleurs, à droite un autre jeu très différent et au centre la rencontre des deux. Goulet veut par là que ses tableaux changent avec la lumière du jour, selon que le soleil se présente à gauche ou à droite. Mais ce qui m'intéresse le plus est la sorte de spatialité qui en ressort, une sensation d'espace en profondeur qui est comme à la rencontre du positif-négatif, à ce moment où une forme hésite à devenir fond ou forme et vice versa, à ce moment où les choses hésitent à être ceci ou cela. Alors que les plasticiens choisissaient de dépasser le négatif-positif pour faire du blanc et du noir deux valeurs positives, Goulet à préféré s'en tenir au moment stratégique, au moment où le fond et la forme semblent de valeur égale. La peinture de Goulet ne nous montre pas des formes qui sont de valeur positive, puis de valeur négative. Ses formes semblent être positives ou négatives, mais, en fait, elles sont toujours égales les unes par rapport aux autres.

LA SCULPTURE VISUELLE

L'idéal esthétique des plasticiens – en arriver à un langage plus rigoureux, plus objectif, plus « réaliste » en peinture – suscita un nouveau genre de sculpture, faisant appel beaucoup plus au visuel qu'au tactile. Claude Tousignant avait réalisé quelques sculptures peintes en 1962, François Soucy en 1964 intégra le mouvement mécanique à ses sculptures géométriques colorées, alors qu'Ulysse Comtois s'en remettait au fini industriel de formes en trois dimensions qu'il opposait au contour organique de formes dessinées sur ces pièces. En 1965, Françoise Sullivan exposa une sculpture qui pouvait rappeler en peinture l'*Hommage au carré* d'Albers, alors qu'Henry Saxe fabriquait des tableaux au contour découpé et aux formes en trois dimensions dans l'espace réel, en cherchant à donner l'impression au spectateur que tout se ramenait à une surface plate. Enfin, en 1966, Hugh Leroy exposa ses « objets rationnels » qui devaient permettre au spectateur d'intuitionner le principe d'une action tactile sans que celui-ci éprouve le moindre besoin de toucher.

L'an 1967 marque la consécration de cette nouvelle forme de sculpture par l'arrivée d'une jeune génération d'artistes travaillant en ce sens : Serge Tousignant, Roger Paquin, Jean Noël et Jacques Cleary. L'exposition d'Ulysse Comtois à la galerie Agnès Lefort a surpris. Sa sculpture était maintenant devenue un objet industrialisé permettant au spectateur d'expérimenter lui-même les différentes possibilités de formes, et cela en y participant directement. Comtois nous propose des éléments modulaires, plaques d'aluminium rectangulaires, carrées ou rondes et à différents motifs, montées sur des pivots de façon à donner l'impression de sortes de colonnes. La colonne n° 2, par exemple, comprend une trentaine de plaques que l'on peut placer dans une infinité de directions tout autour de son axe. Et ce n'est pas tout. Comme la surface de ces plaques est polie et qu'elle réfléchit la lumière, on peut alors s'amuser à orienter où on le désire les rayons lumineux, reprenant la composition des plaques en étudiant l'action des phénomènes lumineux. Comtois nous propose ainsi des modulateurs de lumière qui relativisent la géométrie. A partir des formes modulaires réalisées industriellement, il nous permet d'expérimenter nous-mêmes différents phénomènes formels des plus actuels. Comment en est-il arrivé à cela ? En donnant le principe d'une forme et en permettant alors l'expérimentation de toutes les variations.

Henry Saxe, en 1967, a aussi radicalisé son expression. Il représenta le Canada à la Biennale des Jeunes de Paris. Alors qu'auparavant ses objets cherchaient à relativiser le domaine des projections isométriques, créant l'illusion de surface plate à ce qui était en trois dimensions, et d'espace à trois dimensions à ce qui était plat, ce qui l'intéresse en 1967, c'est de développer une structure d'éléments modulaires répétitifs qui permettent au spectateur d'adapter l'objet à n'importe quel espace et d'étudier divers systèmes de relations possibles entre les éléments. Les nouvelles sculptures d'Henry Saxe peuvent être étendues sur le plancher, grimper sur le mur, lier deux murs et un plafond ensemble ou se refermer sur elles-mêmes et créer un espace interne intéressant. Chacune d'elles est constituée de deux plans aux côtés inégaux, mais soudés ensemble en un angle précis, deux plans qui sont répétés indéfiniment mais qui peuvent être placés dans différentes directions tout en conservant le même angle d'ouverture. Chaque sculpture d'Henry Saxe sera alors l'exploitation d'un système de relations possibles à partir de la répétition d'un module précis qui a cependant des côtés inégaux. En d'autres termes, c'est la continuité de son travail ancien, la relativisation de la géométrie, d'un système de relations possibles.

Hugh Leroy fut remarqué par sa pièce à Sculpture 67 – une immense colonne dont on aurait dit que l'on s'apprêtait à la tordre – et par une deuxième œuvre, primée à Perspective 67, qui étudiait le fait d'une boule tombant sur une surface molle. Leroy entend présenter à l'occasion de chaque pièce le résultat d'une étude de diverses actions exercées sur une surface, celles de tordre, percer, boursoufler, actions, dit-il, qui sont universelles. Il tient à ce que l'on ressente immédiatement à la vue de ses pièces le principe de l'action exercée sur la forme et c'est pourquoi il a dénommé ses sculptures des « objets rationnels ».

Françoise Sullivan a réalisé pour l'Exposition universelle une de ses meilleures pièces. On pouvait la voir tout contre le pavillon du Japon. Pièce très influencée par David Smith mais pièce très forte : une quinzaine de pieds de hauteur, en métal peint rouge, des formes simples, géométriques, des rectangles et des cercles. Aucune impression de pesanteur. C'est l'emplacement des plans dans le vide suggérant différents mouvements et différents espaces qui est intéressant. Un espace à la fois contenu et le vide aussi dans lequel la pièce s'érige, le modifiant constamment selon notre lecture des différents plans.

Gino Lorcini était connu jusqu'ici pour ses reliefs structuristes. Il devait réaliser en 1967 une dizaine de sculptures constituées tout simplement de volumes géométriques rectangulaires, disposés également de façon qu'on ne ressente aucunement la loi de la pesanteur. La lumière vient alors animer telle ou telle face dans le vide selon que l'on tourne autour de la sculpture. Vient s'y ajouter un phénomène nouveau qu'on pourrait appeler l'imbrication-miroir qui accentue la dématérialisation de la sculpture et donne aux plans l'allure de flotter encore plus dans le vide. Les surfaces dans la plupart des sculptures, étant polies, se reflètent les unes dans les autres, faussant notre perception, nous montrant réfléchi tel angle réel qu'on vient de voir au lieu de l'autre angle réel que nous désirerions voir pour prendre conscience du volume. On oublie la structure réelle pour jouer avec les illusions. On est étonné d'une telle somme de possibilités, à partir de volumes aussi simples.

Serge Tousignant a été remarqué à Perspective 67 et aux Concours artistiques du Québec. Sa pièce de Perspective 67 était constituée de quatre boîtes carrées de même format sans toit ni fond et placées de côté de façon qu'on puisse voir au travers, la première droite, les deux autres de plus en plus écrasées et la dernière presque plate. Par contre la couleur des boîtes allait dans le sens inverse. La plus écrasée avait la couleur la plus forte tandis que celle qui était droite était presque invisible, avec le résultat suivant qu'une ambiguïté était posée sur l'existence même du module « boîte carrée », l'œuvre étant alors l'expérience de cette ambiguïté. Aux Concours artistiques, Tousignant continuait à travailler dans le sens des illusions de la géométrie, en présentant deux blocs identiques, l'un rouge, l'autre bleu, deux blocs liés entre eux par un miroir dont la forme était la projection isométrique de l'un de ceux-ci. Il en résultait que la couleur de l'un semblait envahir la couleur de l'autre par l'effet du miroir.

Roger Paquin et Jean Noël exposèrent également aux Concours artistiques. On a pu voir plusieurs pièces d'eux, de même qu'une sculpture de Jacques Cleary à l'exposition « Jeune sculpture » organisée par la Galerie du Siècle à l'automne 1967. Roger Paquin présentait aux derniers concours de la province une très belle sculpture qui ressemblait à une maquette d'architecture à laquelle on aurait enlevé les murs. Les trois pièces du Siècle nous expliquent mieux sa démarche. Il travaillerait un peu dans le sens de Bob Murray, c'est-à-dire à la création de volumes fictifs, suggérés par l'emplacement entre des plans géométriques qui ne semblent pas avoir de rapports entre eux. Mais il utilise de plus la couleur pour accélérer ce processus. L'œil crée ainsi de nouveaux rapports d'espace. Paquin nous habitue à lier des choses que nous ne sommes pas habitués à voir ensemble.

Jean Noël avait présenté aux concours trois blocs de plexiglas; au Siècle, deux colonnes carrées également de plexiglas, l'une rouge, l'autre orange. A ceux qui lui demandent où il veut en venir, il répond : « Aux rapports qu'ont des masses essentielles, aux rapports qu'ont des couleurs essentielles ... aux rapports qu'elles ont avec le contexte dans lequel elles sont artificiellement situées, aux rapports qu'elles entretiennent aves les personnes qui les y ont situées, qui voudraient les y voir situées autrement ou ailleurs ou pas du tout ou qui préféreraient tout simplement les ignorer et qui y arrivent consciemment tout à fait mais inconsciemment imparfaitement. » Jean Noël travaille dans le sens des *Primary Structures*. Il ramène l'œuvre à des éléments visuels primaires et étudie à partir de là les rapports entre ces éléments, s'intéressant, entre autres choses, à la densité des couleurs. Ce genre de sculpture n'a pas de poids, de masse, mais par la couleur il peut en acquérir. Un cube illuminé par un projecteur devient tantôt étincelant, tantôt mat et change tout à fait les rapports de densité qu'il entretient avec les autres cubes qui l'entourent.

Jacques Cleary avait exposé en 1966 au théâtre des Apprentis sorciers. Une de ses pièces était constituée d'une forme qui rampait et puis tout à coup s'élevait dans les airs. Cleary était sensible à l'*environment space*. Sa pièce du Siècle est une sorte de dôme en plexiglas brun noir posé par terre et de quatre pieds de hauteur. Au sommet de celui-ci, on remarque une série de fines encochures qui heurtent le caractère lisse de la forme ronde de plexiglas. Et c'est tout. Est-ce un ventre qui aurait été attaqué ? Il y a là un sentiment organique, une forme qui semble à la fois prise dans le sol et vouloir en sortir.

Enfin, il faut dire un mot de Roger Vilder qui participait également aux concours de la province. Vilder y présentait un relief cinétique constitué de 196 petites roues identiques disposées symétriquement en 14 rangées de hauteur. Chacune de ces roues argentées, ayant un motif géométrique identique peint en rouge, une fois mise en mouvement, créait sur la surface totale du relief, par la rencontre des rouges ensemble, différents jeux de surfaces colorées qui s'opposaient au fond argenté. On pouvait alors varier la vitesse du mouvement. On s'apercevait ainsi que les rencontres des formes revenaient plus souvent et prenaient une plus grande importance dans notre champ de vision, ce qui prouvait au moins une chose, que le mouvement réel doit être à la base de l'étude de nombreux phénomènes visuels quoi qu'en disent les plasticiens.

Vers quoi se dirige ce genre de sculpture ? Il est trop tôt pour le dire, mais on peut en relever les grandes aspirations. D'abord un souci de composition elliptique : on donne deux ou trois éléments sculpturaux en laissant au spectateur le soin de compléter mentalement l'espace suggéré ou l'action des volumes. Ensuite un besoin de fini industriel : on s'intéresse à l'utilisation de nouveaux matériaux. Enfin un désir de s'intégrer à l'architecture : on y parle beaucoup d'*environment space*. Si la peinture plasticienne dessert la passion humaine, la sculpture visuelle, en s'intégrant à l'architecture, pourrait, elle, conditionner notre activité quotidienne. Mais elle ne dépasse pas pour le moment le cadre des galeries et des musées.

LA NOUVELLE FIGURATION

1967 a été également l'année, non pas de l'avènement ni de la consécration, mais du témoignage de la vitalité d'un nombre croissant d'artistes recherchant une nouvelle forme de figuration. J'ai cherché d'où pouvait venir ce goût de la figuration. Bien sûr, du *pop art*, mais également de l'agitation politique du premier FLQ et du mouvement de littérature populaire lancé par la revue *Parti pris*.

Alors que, il y a dix ans, les Américains considéraient Rauschenberg et Johns comme les pères du *pop art*, en 1960, Charles Gagnon pratiquait ici une peinture postexpressionniste abstraite où il collait des morceaux de journaux et dessinait des chiffres et autres signes populaires identifiables. Daglish et Chase travaillaient également en ce sens. En 1963, c'est le début des activités politico-culturelles du Bar des Arts, celles notamment de Serge Lemoyne, qui réalisait alors des collages où l'on voyait se côtoyer des scènes de la vie quotidienne et des images pieuses. En 1964, Lemoyne organise, avec Gilles Boisvert, Serge Tousignant, Pierre Cornellier et Marc Boisvert, la « Semaine A » à l'Université de Montréal. Y participent également Chamberland, Pierre Renaud et Claude Péloquin. L'expression de Lemoyne consiste alors à faire gicler des jets de peinture sur différents objets, tables, chaises, persiennes; celles de Gilles Boisvert et de Tousignant, en une sorte de peinture où ils continuent à leur façon l'aventure de Chase et Daglish; celles de Cornellier et Conneley, en des jeux linéaires où l'on perçoit quelquefois des petits bonshommes. D'autre part, Edmund Alleyn, ayant renoncé à l'expressionnisme abstrait, présente à l'automne une série de tableaux, où il montre des formes figuratives indiennes. En 1965, Lemoyne, Cornellier, Péloquin et quelques autres lancent les spectacles des *Horlogers du Nouveau Monde*, puis du *Zirmate*. On y parle d' « infra-terrestres »; Péloquin publie ses manifestes. Lemoyne dessine des constellations, s'entoure d'images de science-fiction, alors que François Dallégret ouvre au « Drug » une galerie d'art qui durera quelques mois, galerie où il montrera des œuvres d'artistes *pop* américains et des nouveaux réalistes français et ses propres dessins d'automobiles 1930. Ici se termine, selon moi, la première phase du retour à la figuration et du souci des jeunes peintres et sculpteurs d'intégrer leurs images au milieu social.

La deuxième s'ouvre en avril 1966 par l'exposition de l'Atelier libre de Recherches graphiques de Richard Lacroix, au Centre d'art du Mont-Royal, exposition dans laquelle on découvre Marc Nadeau, Louis Forest et Michel Fortier, exposition qui n'a cependant pas l'ampleur de « Présence des Jeunes » en septembre 1966 au Musée d'art contemporain. Au musée, le partage se fait entre les jeunes et les plus jeunes : d'une part, Gilles Boisvert présente un mannequin inerte qui regarde la télévision, mannequin entouré d'images violentes de l'actualité; Lemoyne, une salle de jeux avec machine à boules; Cornellier, des jeux graphiques humoristiques mais aussi très décoratifs; et Serge Tousignant, revenu d'un séjour d'un an à Londres, une peinture optique; d'autre part, Michel Fortier, Louis Forest et André Montpetit, ce qu'on pourrait presque appeler des illustrations pour bandes dessinées.

En 1966, il faut se rappeler également l'existence éphémère de la

Galerie « la Masse », dirigée par les étudiants de l'École des Beaux-Arts de Montréal, galerie qui révéla Lemonde et Lajeunie; la tenue des Concours artistiques de la province qui consacrèrent Lajeunie et nous firent découvrir un nouveau Dumouchel figuratif; et, enfin, l'ouverture de la « Moussespactèque » où Mousseau présenta ses mannequins et tapis de léopard. Les artistes qui pratiquent la nouvelle figuration pourraient être divisés en deux groupes : ceux qui tentent de réintégrer les images de leurs univers quotidiens, et ceux qui travaillent dans le sens de la science-fiction.

Pierre Ayot est professeur à l'École des Beaux-Arts de Montréal. Il organisait en décembre 1966, à la galerie de l'Étable, l'exposition intitulée « Peinture fraîche » où l'on pouvait voir les travaux de Cozic, Langlois, Lamarche, Bissonnette et autres. Il a fondé, comme Richard Lacroix, un atelier libre de recherches graphiques et publié un recueil collectif des gravures de l'atelier sur le thème de la « Pilule ». Ses œuvres ont comme sujets l'amour, la mode, la solitude. Il place devant chacune d'elles des barres verticales parallèles qui ont pour fonction de créer un mouvement sur l'image par les déplacements du spectateur. L'une d'elles, exposée récemment, représentait un couple en train de faire l'amour et les déplacements des spectateurs avaient pour effet d'animer le couple de divers mouvements pendant qu'une sorte de grand halo naissait et se développait autour de leur amour.

Denis Langlois a exposé à « Peinture fraîche » avec Ayot. Il y présentait deux tableaux, l'un montrant une jeune fille se levant du piano, et l'autre, un joueur de football qui venait de compter un point. La technique employée voulait reproduire le mouvement cinématographique; l'atmosphère ressentie avait indéniablement un goût québécois. Claire Hogenkamp réalise depuis trois ans des sculptures qui pourraient tenir lieu de mannequins dans des vitrines. Elle place ses personnages dans des attitudes caractéristiques de la vie quotidienne; elle affectionne particulièrement les scènes de plage. Serge Otis fabrique d'immenses fleurs de métal. J'avais cru un moment qu'il manifestait ainsi la béatitude des hippies. Je m'aperçois, depuis, que ses fleurs ont peut-être quelque chose de morbide, en tout cas, quelque chose de la plante rampante et dangereuse.

Michel Fortier a exposé en février 1967, au *Loyola Bonsecours Centre*, des dessins où il montrait des machines à tuyaux qui n'en finissaient plus. Aux derniers concours de la province, il a réalisé en bois l'une de ses machines qu'il a intitulée *Ativutonœil* (As-tu vu ton œil). Il a également présenté à l'exposition « Humour » en septembre 1967, au pavillon de la Jeunesse, une affiche psychédélique représentant Ginsberg. A cette dernière exposition, on pouvait également voir ce qui restait du *Sous-marin jaune de la Force de frappe québécoise,* réalisé par André Montpetit et Marc Nadeau, sous-marin qui avait quinze pieds de long et qui fut, comme on le sait, détruit par des spectateurs offusqués et transporté en ambulance. Montpetit est également connu pour ses affiches, notamment celle intitulée *Vive Dieu,* dont une institution religieuse a commandé un bon tirage, et les illustrations du programme du festival du film politique, d'un humour massacrant.

Marc Lepage se situe à la frontière entre la recherche de thèmes quotidiens et l'univers de la science-fiction. Il a été un des premiers avec Lajeunie à réaliser, en octobre, des sortes de mécaniques. Il s'agissait de diverses boîtes rectangulaires où, seulement par le jeu des formes abstraites à l'extérieur, nous était suggérée toute une action du dedans. Lepage a construit il y a quelques mois, aux États-Unis, des formes pneumatiques dans lesquelles les gens pouvaient circuler.

Jean-Marie Delavalle a présenté, à l'exposition « Jeune sculpture » de la Galerie du Siècle, quelques pièces intéressantes. L'une d'elles, *le Popsicle,* était constituée d'un gros bloc noir avec au sommet ce qui pouvait ressembler au bâton du popsicle. Delavalle s'intéresse à suggérer une manipulation possible de la part du spectateur. Ces autres sculptures opposaient, à des parties géométriques rigides, des tuyaux en plastique transparent qui pendaient dans le vide. On sentait qu'il y avait là une bonne idée, un côté tactile intéressant, une opposition entre des fonctions allégoriques possibles mais qui, pour le moment, n'étaient pas assez précises.

Serge Lemonde a choisi comme thème l'amour ou l'érotisme. Il découpe dans les revues des *pin-up* qu'il place dans des décors dessinés par lui. Sa dernière exposition à la Galerie libre a été une révélation. Ses beautés étaient des cosmonautes. On se serait cru dans une future civilisation régie par les femmes, dont Lemonde explorait les appétits. Edmund Alleyn a renoncé à sa mythologie indienne pour nous présenter, dit-il, « une mythologie plus moderne ». Ses tableaux, vus en novembre 1967 à la Galerie Soixante, montrent l'homme aux prises avec la machine qui l'ausculte, l'analyse, le décompose en autant d'éléments statistiques. L'homme est devenu un mannequin impersonnel et le tableau une suite de schémas qui auraient pu venir de livres d'électronique. C'est d'ailleurs en fouillant dans des livres d'électronique qu'Alleyn a pensé à ces schémas.

Enfin, Jean-Claude Lajeunie et Serge Cournoyer réalisent, eux, des engins compliqués. A « Jeune sculpture » de la Galerie du Siècle, on pouvait voir *l'Astrobale* de Lajeunie, une fusée qui s'allume, clignote et a un mouvement, suggérant un départ imminent. Son autre pièce, *le Vieil Éclaireur,* était plus anecdotique. Un squelette revêtu d'un uniforme d'astronaute se trouvait assis aux commandes d'un appareil spatial. Cournoyer a présenté à « Perspective 67 » *Zéphire*, qui est une machine à projeter sur un écran des images abstraites au travers d'un kaléidoscope. Cette pièce faisait partie de l'exposition du Siècle de même que deux autres, *l'Épouvantail*, une machine contrôlée par le hasard qui déploie de grands battants, s'allume et parle, et une autre machine, *la Nourrice*, qui est, dit Cournoyer, une « sculpture organique » parce qu'elle a comme fonction de recueillir l'humidité de l'air, de la convertir en gouttes d'eau et d'arroser une plante réelle qui fait partie de la sculpture. Cette plante peut évidemment être changée, ce qui fait qu'on a une sculpture transformable. L'idéal esthétique des artistes de la nouvelle figuration n'est pas précis pour le moment. Ils travaillent avec la figuration pour eux-mêmes, parce qu'ils ont besoin de se retrouver dans ces images. On les sent cependant soucieux d'obtenir un effet immédiat sur le public.

NOUVELLES DIMENSIONS SOCIALES

L'idéal esthétique qui tâche de remplacer celui des plasticiens, le seul qui ait eu un impact assez considérable sur le milieu depuis une dizaine d'années, est en train de se réaliser. Il n'est pas encore cohérent mais certains travaux d'artistes durant l'année 1967 nous permettent de l'entrevoir. Il s'agit ici de refuser la traditionnelle consommation que l'on fait des beaux-arts, à savoir qu'un artiste réalise une œuvre dans sa tour d'ivoire, œuvre que le musée, les galeries et le critique d'art ont comme fonction de diffuser et de vulgariser; de refuser l'également traditionnel concept d'intégration à l'architecture qui ne fait, à la limite, que rendre plus « précieux » ou plus « coûteux » l'espace ainsi décoré; de refuser la distinction entre peinture, sculpture, architecture; de chercher de nouvelles dimensions sociales de l'art, de nouveaux champs d'action artistique, plus en accord avec notre ère de communications de masse; de penser à des œuvres que tous les gens comprendront selon leur niveau de culture; de penser que ces œuvres leur feront comprendre une vérité bien à eux au lieu de leur montrer qu'ils ne savent rien; en somme, de chercher à répondre aux besoins réels des gens et de ne jamais séparer, dans la conception de l'œuvre, message et public. Mousseau, Lemoyne, Dallégret, Lacroix et Montpetit travaillent en ce sens.

Jean-Paul Mousseau a cherché durant de nombreuses années à intégrer ses œuvres à l'architecture. Qu'on se rappelle sa murale de l'Hydro Québec et la décoration de la station Peel. Il me déclarait en 1966 : « L'aventure plastique se situe au niveau des outils... Je crois beaucoup à la collaboration avec les chimistes, ingénieurs et autres. Je crois à l'usine : la recherche va se faire à l'usine. Je suis très intéressé par les matériaux, mais je n'aime pas travailler avec « de la broche à foin ». Il faut avoir les outils, sinon on s'épuise. On peut avoir des intuitions, mais on manque de connaissances techniques : il faut que le technicien soit à tes côtés. Le rôle du peintre, c'est le monde général de la coloration. Je vois très bien que le peintre s'occupe des tissus, des autos ... On pourrait apporter énormément aux villes, créer par la couleur des perspectives qui pourraient les égayer. Il faut arriver à une socialisation de l'art au plus vite. »

Puis, à la fin de l'année, il ouvrait la « Moussespactèque ». Pourquoi s'être lancé dans la création de discothèques ? Sans doute parce que, dans l'impossibilité de réaliser ses rêves de socialisation de l'art, il voyait dans la discothèque le moyen de créer de toutes pièces un impact sur les gens ! Les discothèques de Mousseau, à l'opposé d'autres discothèques dans le monde, ont un thème. « Les mannequins de la « Mousse », dit-il, rappellent l'essence féminine. Ils n'ont pas de bras. C'est la ligne des formes du corps qui compte et j'habille ces femmes avec les diapositives des projecteurs. Le léopard sur les banquettes est le rappel de la bête et suscite une impression tactile. Les lignes sur les murs sont là pour décomposer les projections lumineuses, donner la sensation d'espaces autres. » « Le Crash, ajoute-t-il, est une critique de la civilisation américaine avec ses puissantes voitures, le clinquant, les jeux lumineux, rappels de la ville, les feux clignotants. Les deux personnages dans la voiture au-dessus du bar sont sur un gril qui devrait tourner. Ils ressemblent à des sortes de poulets barbecue. Mais les gens n'ont pas à comprendre la signification que je donne. C'est un impact à ressentir. » Il s'agit que les gens réalisent, de par leurs réactions à l'ambiance, ce qu'ils sont face à l'érotisme ou à la technologie. Mousseau leur fait confiance. Il est avide de voir quelles formes prennent leurs expressions. On peut lui reprocher de créer des divertissements pour gens riches – ce qui n'est pas faux; on doit cependant voir dans ses discothèques une tentative pour dépasser les normes habituelles de l'œuvre d'art.

Serge Lemoyne, dès 1963, réalisait des *happenings*. Il en a présenté un par semaine, durant l'été 1967, aux passants du pavillon de la Jeunesse à l'Expo. Lemoyne cherche d'abord les thèmes sociaux que l'on pourrait considérer comme tabous. Puis il crée, autour de celui qu'il a choisi, une situation provoquant le public. Malheureusement, jusqu'à la fin de 1967, plus soucieux d'expression individuelle, il ne réussissait pas à susciter la participation des gens, ce qu'il a compris depuis.

François Dallégret présentait en mai 1967, au Musée d'art contemporain, une étonnante machine à musique que chacun pouvait activer sans même toucher à l'instrument. Constituée de deux panneaux d'aluminium de trente pieds de long, placés exactement l'un au-dessus de l'autre, mais séparés par un espace de six pouces, elle ressemblait à une sorte de barrière et avait été voulue ainsi. On ne pouvait voir, d'un côté de la barrière, que les mains et les pieds des gens qui étaient de l'autre côté – cela pour les amateurs de *blind date*, avait dit Dallégret, – car, pour mettre cette machine en action, il fallait passer les mains entre les deux panneaux et, de main en main, il pouvait arriver que l'on rencontre une main amie.

François Dallégret est l'incarnation de l'artiste-inventeur, à la recherche de nouvelles sensations rendues possibles par la technologie. Il imagine de nouvelles fonctions aux choses, plaçant l'homme dans de nouvelles situations. Cela constitue une partie de son œuvre, celle où il est matériellement possible de réaliser des projets; l'autre consiste à imaginer semi-ironiquement, en partant d'un principe donné dont il suit les implications avec le maximum de vraisemblance logique, des machines utopiques, qu'il dessine et publie dans différentes revues avec la conviction d'élargir ainsi le champ imaginaire. Son public est toujours celui des musées et des revues d'art, mais il pense d'abord public et non plus expression individuelle.

Richard Lacroix a été en 1965, avec François Soucy, Henry Saxe, François Rousseau et moi-même, cofondateur d'un groupe, Fusion des Arts, composé de gens qui voulaient dépasser les catégories traditionnelles de l'œuvre d'art, trouvaient que ces catégories isolaient l'artiste de son entourage quotidien et désiraient que l'art ait plus d'efficacité dans la vie quotidienne. Ensemble, ils travaillèrent à la conception d'un objet-synthèse de différentes expressions pour le pavillon du Canada à l'Expo 67, projet dont ils remirent la direction à Lacroix qui en orienta la réalisation selon son esprit propre. Il s'agit de trois disques en plexiglas coloré et transparent, trois disques qui ont chacun leur mouvement rotatif et sont éclairés par divers jeux lumineux créant à travers et autour d'eux une ambiance spéciale. Ces disques sont montés sur une armature de tiges d'acier qui semble très compliquée. Ils donnent l'impression qu'ils vont toujours se heurter mais réussissent néanmoins à s'éviter de justesse. Ils ressemblent à ce qu'on imagine être des soucoupes volantes et tout le spectacle suggère d'ailleurs au visiteur une sorte de réseau de communications interplanétaires. Le spectateur est d'abord intrigué, s'approche, entend alors des sons qui sont à l'antithèse de cet appareil, vraisemblablement de haute technologie, des bruits de casseroles et des sifflets essoufflés. Il découvre que c'est l'armature d'acier qui, en tournant, frappe gauchement sur des petites plaques posées ici et là à dessein et pèse sur des sifflets égarés : l'effet de sérieux est anéanti. L'artiste a voulu signifier que, malgré la technologie, malgré l'anonymat, ces fabrications devaient toujours être humaines et laisser place à l'éclat de rire.

Ce souci d'expressivité humaine, malgré l'anonymat de la technologie, a amené Lacroix à s'intéresser à la notion de participation active du public. Il a conçu en ce sens avec André Montpetit, autre membre du groupe Fusion, un spectacle intitulé « les Mécaniques », présenté une fois la semaine au pavillon de la Jeunesse durant l'été 1967. Il s'agissait alors de motiver les gens à réagir face à telle situation de façon qu'ils puissent s'exprimer eux-mêmes – idée semblable à celle de Mousseau pour ses discothèques, – Lacroix étudiant alors leurs actions, essayant de comprendre leurs besoins et motivations. Le spectacle durait une quinzaine de minutes. On donnait à chaque personne qui entrait un tire-pois et des pois. Il y avait, d'une part, des œuvres d'ambiance : le *Sanctuaire du bienheureux Martin de Porrès* (parodie de la religion), le *Propulseur à lapins* (parodie de la famille nombreuse), *Un petit coin de verdure* (parodie des cadres bourgeois), *la Corde à linge* (parodie de l'art), le *Propuloscope* et le *Réducteur d'émotions* (parodie de la science) et, d'autre part, les dix instruments de musique qui, en fait, étaient des objets quotidiens réarrangés. Certains de ces instruments étaient contrôlés par des moteurs de machine à coudre avec relais à distance, que les gens pouvaient activer; d'autres exigeaient que les spectateurs se lèvent de leurs sièges et viennent les activer. Un climat sonore s'installait, créé par l'intervention de chacun, grâce auquel chacun s'extériorisait à son goût. A la différence des discothèques de Mousseau, l'événement était limité dans le temps, et les participants en ressortaient en sachant très bien que tout n'avait dépendu que de leur apport.

Enfin, *le Sous-marin jaune* d'André Montpetit et Marc Nadeau pourrait également entrer dans cette catégorie d'œuvres à destination sociale. Les auteurs l'ont conçu pour une occasion bien précise et non pour le musée. Ils ont prévu qu'il susciterait une réaction et se sont organisés pour que les médiums d'information suivent l'événement au jour le jour. Satire de la « bondieuserie », on pouvait lire sur la proue du sous-marin, d'un côté, *Force de frappe québécoise* et, de l'autre côté, *Par la foi, nous vaincrons*. Le kiosque du navire contenait « le Saint-Esprit en personne » sous la forme d'une perruche vivante. Et dans le cornet de la sirène d'appel on trouvait une image du cardinal Léger. Les câbles des ponts étaient faits d'anciens chapelets que nos aïeux accrochaient à leurs murs, et la bouée de sauvetage, d'un siège de toilette en dessous de laquelle se trouvait une image de Jean XXIII et, plus bas, une fente pour les « oboles ». Les œuvres d'André Montpetit sont des œuvres de contestation. Il publie différents dessins dans le même but, sait où il faut frapper, possède une ironie très fine qui charge de contenu ses fabrications. Ainsi, au lendemain du centenaire de la Confédération une nouvelle ère commence.

Septembre 1968

TITRE III
Économie et politique

9
La situation économique

ROLAND PARENTEAU, m.s.r.c.

IL M'A ÉTÉ DONNÉ à plusieurs reprises dans le passé de donner mon opinion franche, voire brutale, sur les réalisations économiques des Canadiens français. Ce petit exercice d'introspection m'a attiré souvent les foudres d'une certaine opinion voulant à tout prix voir la vie en rose. Décrire la situation économique des Canadiens français amène souvent les commentateurs à prendre des attitudes diamétralement opposées : ou bien on tente de montrer une réalité qui n'est, hélas ! pas très encourageante, ou bien on verse dans l'exposé lénifiant de ce que l'on voudrait être.

J'avoue que je préférerais la tâche de disserter sur l'avenir. Car autant le passé et le présent m'apparaissent très décevants du point de vue économique des Canadiens français, autant l'avenir me semble prometteur, pourvu, évidemment, que l'on veuille y mettre le prix.

Mon exposé se limitera au Québec pour des raisons à la fois pratiques et théoriques. On connaît, en effet, peu de choses sur la situation économique des Canadiens français des autres provinces. Par ailleurs, je soutiens qu'il n'existe pas à proprement parler d'économie canadienne-française, si l'on entend par là un ensemble d'institutions possédant une certaine cohérence, qui seraient dirigées et animées par des citoyens du même groupe ethnique, qui entretiendraient entre elles des relations suivies et qui fonctionneraient pour le bénéfice de la collectivité canadienne-française.

Il existe toutefois une économie du Québec, qui est hétérogène du point de vue ethnique. Cette économie, largement ouverte sur l'extérieur, évolue dans un territoire qui, tout en faisant partie intégrante d'un ensemble économique beaucoup plus vaste, n'en est pas moins soumis au contrôle d'un gouvernement autonome doté de pouvoirs économiques non négligeables. La province de Québec possède donc, je crois, suffisamment de caractéristiques spécifiques, tant dans le domaine social et politique qu'économique, pour que nous puissions à bon droit parler d'économie du Québec.

Je me bornerai donc à la situation économique des Canadiens français du Québec. Je pars du postulat suivant : puisqu'il existe au Québec une communauté ethnique, homogène et différenciée, à la fois du point de vue langue, culture, manière de vivre, comportements sociaux, institutions politiques et sociales, communauté groupant 80 pour cent des habitants du territoire, il est normal que l'économie de cette province soit organisée en vue de l'épanouissement de cette collectivité. Ou, pour exprimer la même idée sous une forme négative, il est normal que le développement de cette économie ne se déroule pas de manière à écraser le groupe majoritaire ou à faire disparaître ses caractéristiques propres.

Je voudrais qu'on ne voie pas dans cette affirmation un vague relent d'autarcie, ni un désir d'isolement par rapport au reste de l'Amérique et du monde, ni une volonté de refuser capitaux, techniques, produits et hommes venant de l'extérieur. Cette proposition veut tout simplement dire qu'il est illusoire de vouloir maintenir indéfiniment un groupe culturel distinct, si toute sa vie économique échappe à son vouloir-vivre collectif. En d'autres termes, une certaine dose de pouvoir économique est essentielle à la constitution d'une collectivité de langue française possédant quelque chance de stabilité.

Cela étant admis, interrogeons-nous sur la situation actuelle : celle-ci peut être envisagée sous deux aspects, et nos conclusions sur la vitalité économique du groupe canadien-français varieront considérablement selon que l'on retient l'un ou l'autre de ces aspects. On peut, en effet, analyser la situation soit en termes de résultats, soit en termes de causalité, ces deux aspects répondant aux deux questions suivantes : A qui profite l'activité économique du Québec ? Qui est responsable de cette activité économique ?

Si l'on s'en tient aux résultats, tels que la statistique nous les révèle, une certaine satisfaction est de rigueur. En effet, le niveau de vie moyen au Québec, dans son ensemble, ne le cède en rien à celui de la plupart des pays d'Europe. Il se trouve sans doute sensiblement inférieur à celui des États-Unis, quelque peu plus faible que celui de la moyenne du Canada. On pourrait même ajouter que, à l'intérieur du Québec, on trouve relativement peu de Canadiens français au sommet de la pyramide des revenus. Il n'en demeure pas moins évident que nous jouissons largement des bienfaits de la civilisation matérielle moderne. Il n'y a qu'à analyser, sous l'angle de la quantité comme sous celui de la qualité, les divers postes du budget-type des familles pour s'en convaincre. Il n'y a qu'à dénombrer les automobiles, qu'à examiner la qualité du logement, qu'à analyser les sommes consacrées aux loisirs et aux voyages pour en tirer, si l'on veut faire preuve d'objectivité, une impression d'aisance tout au moins relative.

Car cette prospérité n'est pas sans mélange. Si l'on veut, en effet, y regarder de plus près, on constatera que cette prospérité ne se diffuse pas également bien dans toutes les régions ni dans tous les groupes sociaux. Les moyennes, en effet, même dans une société égalitaire comme la nôtre, cachent des écarts assez considérables.

Ainsi, on a beaucoup parlé depuis quelques années de disparités régionales. Celles-ci existent, mais on les a souvent exagérées, en utilisant des statistiques qui ne devraient être manipulées qu'avec beaucoup de précaution. Le bonheur est une notion relative qui ne se mesure pas en dollars. Par contre, une région comme celle de Montréal, dite riche, recèle ses aires de paupérisme où se concentrent les individus rejetés du circuit économique. De même, certaines catégories professionnelles se trouvent défavorisées par l'évolution de la vie économique. Pour d'autres, c'est la maladie ou le chômage chronique qui sont à l'origine d'une infortune qu'une sécurité sociale encore déficiente arrive à peine à masquer. Mais, encore une fois, ces multiples disparités de revenus et de conditions de vie se retrouvent, *mutatis mutandis*, dans tous les pays et elles ne doivent pas nous faire oublier que relativement aux autres pays, même les plus évolués, la majorité de la population canadienne-française connaît des conditions de vie convenables.

Voilà pour les résultats. Demandons-nous maintenant à quoi ou, plutôt, à qui ils sont dus. On sait que toute production de richesses exige une combinaison de facteurs, dont certains sont passifs et d'autres dynamiques. Ces facteurs peuvent être ramenés à trois : des ressources matérielles, des hommes et une technologie. Les résultats escomptés vont provenir de l'interaction de ces trois facteurs, dans des combinaisons variables de quantité et de qualité. Le deuxième facteur lui-même se dédouble, puisque toute production exige non seulement une masse d'exécutants, mais des dirigeants de haut calibre (promoteurs, inventeurs, organisateurs).

Les ressources naturelles du Québec forment une base sans doute indispensable au développement économique, mais elles ne peuvent donner ce résultat que si on y ajoute une technologie des plus modernes. Or, celle-ci est d'inspiration étrangère, principalement américaine désormais. Cela est un fait incontestable, qui s'applique non seulement à la transformation de la matière, mais aux méthodes d'organisation des entreprises, que ce soit dans le domaine du financement, de la vente ou de la gestion du personnel.

Et les entreprises du Québec n'ont même pas le loisir de juger quelles sont les meilleures techniques. La proximité des États-Unis, la pénétration des manuels et des modes d'enseignement américains dans nos propres institutions, l'influence exercée par les capitaux d'outre-frontière et, il faut bien le dire, l'excellence de la technologie américaine d'une façon générale, tout concourt à imposer une sorte de domination au Québec. Et je crois que l'on aurait mauvaise grâce à s'y soustraire, sous peine de voir notre propre productivité considérablement affectée. Car, à côté de cela, que pouvons-nous offrir en matière d'inventions, de procédés et de méthodes mis au point au Québec, par des savants ou des techniciens canadiens-français ? Fort peu de chose.

Ainsi, c'est la richesse de nos ressources, combinée avec une technologie de premier plan, qui permet à nos établissements industriels et commerciaux d'obtenir un degré d'efficacité qui se traduit par des salaires élevés et, finalement, par des niveaux de vie fort convenables pour les habitants du Québec.

Quant au troisième facteur, celui qui fournit tout le dynamisme au système, l'apport des Canadiens français est négligeable. Si, en effet, la masse des travailleurs subalternes et une bonne partie des cadres moyens sont des Canadiens français, la presque totalité des cadres supérieurs est, au contraire, d'origine anglo-saxonne.

Il serait présomptueux à cet égard de dire que la main-d'œuvre canadienne-française compte pour beaucoup dans le haut niveau de productivité de l'économie du Québec. Elle n'est probablement, à cet égard, ni moins bonne ni meilleure que celle que l'on trouve en Ontario, en Allemagne ou aux États-Unis, mais il faut bien admettre que le facteur main-d'œuvre, en tant que le travail d'exécution est en cause, reste assez secondaire dans le rythme du développement économique.

Je n'en veux pour preuve que l'observation courante des niveaux de productivité propres aux entreprises que l'on peut considérer comme typiquement canadiennes-françaises, et cela, quelle que soit leur dimension. Il serait dangereux à cet égard de vouloir trop généraliser, mais il semble bien que la rentabilité d'une entreprise, au Québec, soit en raison directe du degré d'influence anglo-saxonne qui s'y exerce au niveau de la direction. Je ne prétends pas par là que le Canadien français ne puisse pas diriger efficacement une entreprise. Je dis simplement que, s'il veut le faire, les techniques qu'il emploiera, les comportements qu'il devra adopter devront, dans l'état actuel des choses, s'inspirer d'une civilisation différente de la sienne propre. J'irais même plus loin : dans un bon nombre de cas, ce n'est que par un renouvellement complet du personnel de direction et, conséquemment, des techniques administratives, qu'on valorisera le comportement des entreprises.

A ce sujet, il semble bien que l'élément qui a été le plus déficient dans le passé, au Canada français, c'est l'éducation des agents économiques, et cela, à tous les niveaux de participation au processus de la production et de la distribution des richesses. L'influence non seulement du niveau mais du type d'éducation sur la productivité des travailleurs est un fait reconnu, quelle que soit la langue dans laquelle cette éducation s'effectue. Et on ne pourra jamais évaluer d'une façon précise quelle a été la contribution de notre système d'enseignement, très déficient à cet égard, au sous-développement économique des Canadiens français. Ajoutons, pour être justes, que cette situation est en train de changer rapidement et que l'on constate une amorce de régénération très significative de notre système d'enseignement.

En résumé, on doit reconnaître que, si le Québec recèle des richesses naturelles considérables et encore imparfaitement exploitées, le développement économique n'a pu s'y réaliser à un rythme satisfaisant au cours des dernières années que grâce à des apports essentiels de l'extérieur (technologie et cadres administratifs). Si les Canadiens français ont pu fournir la main-d'œuvre en abondance, ils n'ont que peu contribué à l'innovation, à l'organisation et à la gestion des entreprises du Québec.

Il n'en fut pas toujours ainsi, retenons-le bien ! Ce n'est qu'à une époque récente, caractérisée par le primat de la technique et la concentration de la production dans un petit nombre d'établissements de grande envergure, que la vie économique, au Québec, s'est organisée pratiquement sans l'apport des Canadiens français, sauf, encore une fois, pour la main-d'œuvre subalterne. Voilà pourquoi nous existons encore normalement dans toutes les activités à caractère désuet ou de peu d'importance en termes de pouvoir économique : entreprises familiales, commerces de détail, services d'hôtellerie, de réparation, etc. Les efforts que nous avons tentés du côté de la grande entreprise, comme du côté de l'entreprise coopérative, même quand ils étaient couronnés de succès, n'ont pas compensé jusqu'à maintenant les énormes pertes de terrain subies dans les secteurs de production traditionnellement aux mains des Canadiens français.

Ce qui a fait et fait encore illusion à beaucoup de gens, à part le fait que nous partagions comme tous les autres citoyens de l'Amérique du Nord les fruits du progrès, c'est que nous conservons, malgré tout, la propriété d'un nombre considérable d'entreprises, principalement dans le secteur du commerce et des services. Il se trouve, toutefois, qu'au milieu du XXe siècle la propriété des entreprises n'est plus un élément significatif du pouvoir économique.

En effet, compte tenu de l'évolution de la technologie, de la tendance à l'internationalisation des marchés, des modifications idéologiques qui ont démystifié l'entreprise privée, le pouvoir économique, qui résidait antérieurement presque exclusivement dans les mains des possédants (les détenteurs de capital), est maintenant partagé entre quatre groupes d'agents économiques, dont la diversité d'intérêts et la force respective sont à la source d'un nouvel équilibre du pouvoir.

C'est le degré de participation des Canadiens français à l'exercice du pouvoir dans chacun de ces groupes qui constituera, à l'avenir, la mesure de leur taille dans le développement de leur propre économie. Et je crois qu'à cet égard l'on peut se montrer plus optimiste qu'un passé récent nous autorisait à l'être.

Voici entre quels groupes d'agents le pouvoir économique se partage :

ceux qui détiennent la propriété, foncière ou mobilière;

ceux qui ont la maîtrise de la technique, les organisateurs ou *managers*, les technocrates;

ceux qui exercent un contrôle sur la main-d'œuvre, c'est-à-dire les dirigeants syndicaux;

ceux qui représentent l'intérêt public, c'est-à-dire le pouvoir politique à tous les niveaux.

On aurait pu ajouter aussi la masse des consommateurs, mais ceux-ci, inorganisés et inconscients de leur force, ne représentent pas un élément significatif du pouvoir économique, sauf dans certaines situations de crise.

Diverses combinaisons de ces quatre éléments nous donnent les quatre séries d'institutions, caractéristiques du milieu économique québécois : l'entreprise privée capitaliste, l'entreprise coopérative, le syndicalisme de travailleurs et l'État.

A l'heure actuelle, quelle est l'influence de la collectivité canadienne-française en tant que telle, dans chacun de ces quatre groupes d'institutions ?

L'entreprise capitaliste

Détenant le pouvoir d'une façon à peu près exclusive autrefois, l'entreprise capitaliste joue encore un rôle prépondérant dans la vie économique. C'est en effet dans ce secteur, pour autant en tout cas que la grande entreprise est en cause, que se prennent la majorité des décisions économiques affectant l'emploi, les salaires, la consommation, les investissements, etc. Le leadership d'une oligarchie de quelques grandes entreprises en matière de recherche, de techniques de négociation collective, de méthodes de travail n'est guère contesté par la masse des petites et moyennes entreprises.

Or, dans ce secteur, l'influence de la collectivité canadienne-française est quasi insignifiante, même si un certain nombre de Canadiens français assument des postes importants. C'est que la très grande majorité des dirigeants d'entreprises du Québec fait partie d'une ethnie qui s'étend à l'ensemble de l'Amérique du Nord. La communauté des méthodes de travail, l'identité des publications et revues consultées, la participation aux mêmes colloques scientifiques, l'adhésion aux mêmes organismes professionnels sont des facteurs beaucoup plus déterminants à cet égard que le fait d'être Montréalais ou Torontois et, même, que l'appartenance à la citoyenneté canadienne ou américaine.

Beaucoup de Canadiens français, que leurs aptitudes et leur expérience prédisposent à assumer des postes supérieurs dans l'entreprise, se trouvent à cet égard écartelés entre, d'une part, l'adhésion à une ethnie dont la culture et les comportements sont distincts, et la participation sur le plan économique à des équipes de direction dans lesquelles ils risquent précisément de se dépouiller de leurs caractéristiques particulières. Peut-être est-il possible, pour les Canadiens français – on l'a déjà affirmé – d'arriver à faire la synthèse des éléments de civilisation propres à plusieurs cultures, mais on n'a guère de preuve jusqu'à maintenant qu'une telle démarche ait été couronnée de succès.

L'entreprise coopérative

Ici, au contraire, la participation des Canadiens français est quasi exclusive. Comme cela s'est produit d'ailleurs dans la plupart des pays du monde, le mouvement coopératif s'est développé, au Québec, dans une optique de défense contre des intérêts capitalistes accapareurs. La préoccupation sociale l'a ainsi emporté sur la préoccupation nationale, de telle sorte que le mouvement coopératif s'est en quelque sorte trouvé pris de court, lorsque l'évolution de la société a amené une amélioration sensible des conditions de vie des classes populaires. Grâce à la montée du syndicalisme des travailleurs et à l'influence grandissante de l'État, on peut se demander si, en tant que mouvement de contestation, le coopératisme n'a pas perdu une bonne partie de sa raison d'être. C'est peut-être ce qui explique la sorte de stagnation qui affecte le mouvement coopératif depuis quelques années, sauf dans le secteur de la finance, qui reste dynamique.

Il y a lieu de se demander si, en tant que force économique exprimant les aspirations des Canadiens français, la coopération a donné toute sa mesure. Il semble bien que, pour assumer ce rôle, il faudrait, chez de nombreux dirigeants du mouvement coopératif, une transformation de mentalités qui les amènerait non seulement à prendre conscience de leur force potentielle, qui est considérable, mais aussi à se mettre à l'heure de la technologie la plus avancée.

Le syndicalisme de travailleurs

Voilà une force nouvelle dans la vie économique qui, sans avoir à proprement parler une responsabilité de direction dans les entreprises, tend à exercer une influence de plus en plus déterminante. Celle-ci se traduit sans doute par des représentations auprès des pouvoirs publics, mais aussi par une participation dans certains organismes consultatifs ou, même, certains conseils d'administration d'entreprises publiques ou semipubliques. L'exercice du pouvoir chez les syndicats se manifeste d'une façon encore plus précise dans le cadre des négociations collectives avec les employeurs. Certaines revendications en termes de niveau de salaires, de participation à la gérance, sont susceptibles d'affecter la capacité concurrentielle de beaucoup d'entreprises non seulement sur le marché national, mais par rapport aux marchés extérieurs.

Quelle est l'influence canadienne-française dans le syndicalisme ? Nul ne niera qu'une fraction considérable du mouvement syndical, au Québec, est bien autochtone et devrait s'identifier avec les besoins du milieu. Quant à l'autre fraction, il semble bien que si, à l'origine, l'influence étrangère était prédominante, cette situation soit en train de changer. Au total, on peut à bon droit conclure que la force montante du syndicalisme peut constituer un atout dans l'extension de l'influence canadienne-française sur l'évolution économique du milieu. Quant à savoir si cette influence sera bénéfique ou nocive, sous cet angle particulier, tout dépendra du comportement des chefs syndicaux, de leur capacité à s'identifier avec le milieu, de l'importance qu'ils attacheront au développement d'institutions économiques et sociales autochtones. C'est le vieux conflit entre le national et le social qui reste ouvert. Dans le cas où il se trouvera placé devant un tel dilemme, quel parti le mouvement syndical, dans son ensemble, choisira-t-il ?

L'État

Les pouvoirs publics ont été, dans le passé, un facteur négligeable dans l'orientation du développement économique du Québec, si l'on excepte les politiques fédérales susceptibles de favoriser l'expansion de l'ensemble du pays, politiques conçues, il faut le dire, dans une optique pancanadienne. Non pas que les responsabilités des pouvoirs publics soient inexistantes, mais leur rôle fut pendant longtemps beaucoup plus passif qu'actif.

Cette situation, toutefois, est en train d'évoluer rapidement au point qu'on se demande si l'État ne constitue pas, à l'heure actuelle, la principale force susceptible d'infléchir le développement économique dans un sens favorable aux habitants du Québec. Cela n'exclut aucunement l'initiative privée, mais l'action de celle-ci serait encadrée, harmonisée dans des politiques économiques de croissance et de répartition, ne laissant pas de côté les besoins et les aspirations du groupe ethnique majoritaire.

Il relève certainement de la compétence du gouvernement du Québec de s'assurer que l'épanouissement culturel général de la collectivité canadienne-française ne néglige pas cette dimension primordiale qu'est l'acquisition d'une certaine maîtrise de sa propre économie. Car voilà bien le talon d'Achille de la société canadienne-française. Plusieurs initiatives récentes du gouvernement du Québec, *i.e.* la création de la Société générale de financement (S. G. F.), de la Caisse des dépôts et placements, de la Soquem, l'expansion de l'Hydro-Québec, représentent autant de gestes concrets qui ont contribué à mettre les Canadiens français sur le chemin de la reconquête économique.

Au total, donc, si l'on analyse la situation dans son ensemble, je pense bien qu'en terme de réalisations, la participation des Canadiens français au développement de l'économie, qui leur procure leur bien-être, se révèle décevante. Et qui plus est, les forces économiques traditionnelles, laissées à elles-mêmes, ne permettent pas d'espérer un redressement de la situation. Toutefois, un brusque et récent réveil des élites canadiennes-françaises nous permet de constater que la situation n'est pas sans issue et que la mise en marche ou la valorisation de certaines institutions autochtones, dans les domaines de la coopération et du secteur public, peut graduellement permettre de gagner du terrain. Les diverses initiatives auxquelles je faisais allusion plus haut auront, d'ailleurs, valeur d'entraînement et stimuleront les autres agents économiques vers la poursuite d'objectifs communs.

Mais je me rends compte que j'anticipe sur l'avenir. Cependant, je voudrais souligner que l'exposé objectif des réalisations canadiennes-françaises ne doit pas consister en une vaine et morose complaisance à l'égard de nos faiblesses, mais nous fournir des enseignements sur les ressorts qu'il y a lieu de déclencher, pour nous orienter vers la voie de la renaissance.

10
Les perspectives économiques

GÉRARD PARIZEAU, M.S.R.C.

*Les révolutions font en deux jours
l'ouvrage de deux mois, puis défont
en deux ans l'ouvrage de deux siècles.*
PAUL VALÉRY

L'ÉVOLUTION DU RÉGIME POLITIQUE ET SES RÉSULTATS POSSIBLES

POUR PRÉVOIR ou pressentir l'essor économique du Canada français, on peut d'abord imaginer trois hypothèses de caractère politique qui, isolément, peuvent créer un climat économique différent.

La première hypothèse suppose un régime politique identique à celui que nous avons actuellement, avec une constitution plus ou moins retouchée ou laissée dans son état actuel. C'est la thèse de l'équipe fédérale qui, dans la capitale, en vit ou y croit. Elle défend farouchement ou mollement, suivant le tempérament de ses membres, un pacte qui, avec ses défauts, a fait du Canada un grand pays. Dans cette équipe, il y a des opinions bien différentes qui vont du statu quo à des modifications profondes pour satisfaire l'élément francophone. Celui-ci ne voudrait plus avoir l'impression de vivre en pays étranger dès qu'il franchit non le Rubicon, mais l'Ottawa, rivière moins prestigieuse qui sépare deux univers bien différents.

La seconde hypothèse est celle des États associés, c'est-à-dire un régime se rattachant à l'actuelle confédération, mais accordant à la province de Québec un statut politique qui lui donnerait des droits beaucoup plus étendus qu'actuellement et des droits souverains dans les domaines qui lui seraient strictement réservés. Il s'agirait d'une quasi-indépendance politique – l'État central n'étant reconnu que pour certaines disciplines particulières sans autre intervention possible. On se trouverait ainsi devant un Québec isolé ou indépendant de toute ingérence du gouvernement central dans les domaines qui lui seraient reconnus. La constitution correspondrait à un esprit totalement différent de celui de 1867, qui a voulu un gouvernement central fort, ayant toutes les ressources financières lui permettant de développer le pays, autorisé même à désavouer toute loi provinciale qu'il jugerait inadmissible. Depuis 1938, l'État central a renoncé à cette prérogative comme on le sait, mais il reste envahissant. Il a accepté de partager ses revenus avec les provinces, en reconnaissant leurs besoins, sinon leur droit entier aux impôts directs, dont il s'est emparé à la faveur des dernières guerres et de la complaisance de certaines provinces ou de certaines équipes provinciales, intéressées à toucher les revenus les plus élevés, tout en se donnant le moins de mal possible. La réaction antifédérale, aussi bien du parti libéral que du parti de l'Union nationale et des groupes nationalistes du Québec, correspond à un désir de liberté, relative ou presque entière selon le cas, à l'endroit d'un gouvernement central et d'influence forcément anglicisante. Quelle que soit la forme de la nouvelle entente, elle sera inspirée par un sentiment d'opposition à un régime, qui a valu la paix au pays, mais qui, sous certains aspects, a blessé profondément l'élément francophone de la population. Il l'a convaincu soit que, pour s'entendre avec lui, il faut obtenir des garanties constitutionnelles que n'accorde pas le pacte de 1867, soit qu'il est bien inutile de vouloir s'entendre.

L'indépendance est la troisième hypothèse. C'est ce que veulent des groupes divers. Les plus raisonnables y tendent par des moyens pacifiques, en appliquant simplement les règles de la démocratie : le peuple élisant un nombre de députés suffisant pour voter la scission et pour créer un pays nouveau. Celui-ci constituerait un marché commun avec ses voisins, s'il le désirait, mais sans aller jusqu'aux liens politiques. Il y a aussi ceux – beaucoup moins nombreux, il est vrai – qui veulent parvenir à l'indépendance par la violence en ne reculant devant rien : le vol de la dynamite sur les chantiers de construction, des armes dans les arsenaux, d'argent dans les banques. Tous ces moyens ont été essayés, mais ils ont été momentanément suspendus quand les meneurs ont été incarcérés.

L'indépendance est une solution dont il faut tenir compte dans le cadre d'une étude comme celle-ci parce qu'elle créerait des cadres, des politiques, des orientations différentes de celles que pourraient entraîner les deux premières hypothèses, ou tout au moins la première. Le mouvement de scission n'est pas nébuleux. Il a ses théoriciens, ses cadres, ses équipes. Politiquement, il est agissant. Il a ses mirages, son attirance, ses responsabilités, mais aussi ses risques qui, au point de vue économique, n'ont pas été encore suffisamment étudiés : ce qui, à mon avis, constitue le point faible. Avant de conclure que l'indépendance est réalisable, il faudrait en examiner les conditions beaucoup plus à fond qu'on ne l'a fait jusqu'ici. Il est vrai que d'autres petits pays existent et sont prospères isolément ou dans le cadre de grands ensembles économiques. D'un autre côté, ils ont une économie vieille de plusieurs siècles dans la plupart des cas. Plusieurs d'entre eux ont évité les bouleversements causés par la guerre. Ils en ont même profité. Je pense, en particulier, à la Suisse, à la Suède et à l'Irlande. Il y a également le Danemark, la Norvège, la Hollande, la Belgique, l'Islande, la Grèce, qui ont suppléé à l'exiguïté de leur marché par des ententes avec l'extérieur, soit en faisant partie du marché commun, soit en entrant dans le groupe Sterling. Dans l'ensemble, leur économie est assez bien répartie; ce n'est pas le cas de celle du Québec.

Le mouvement d'indépendance a aussi ses détracteurs ou ses opposants qu'on retrouve dans des milieux bien différents. Comme dans tous les pays du monde, le haut clergé n'aime pas les aventures. Le bas clergé et, surtout, le personnel des maisons d'enseignement semblent favorables à la scission. Par contre, les milieux syndicaux y sont opposés, parce que la situation actuelle leur paraît plus favorable à leurs revendications salariales. Ils préfèrent l'économie existante, bâtie dans le cadre constitutionnel actuel, à un régime qui la transformera peut-être en un milieu profondément troublé, momentanément ou permanemment. Les équipes politiques d'Ottawa s'opposent à un changement radical, par conviction ou par intérêt. Quant aux équipes provinciales, elles ne détesteraient pas s'en servir comme d'un épouvantail pour obtenir davantage du pouvoir central. La bourgeoisie est hésitante. Elle ne voit pas très bien comment un petit pays de six millions d'âmes pourrait s'en tirer dans un monde de grands ensembles, dont l'influence est presque impossible à contenir. Elle, non plus, n'a ni le goût, ni la curiosité des aventures politiques. Quant au milieu anglophone, la question se pose sous des aspects différents.

Le régime politique peut exercer une influence profonde sur l'avenir du groupe francophone. Théoriquement, l'indépendance ou la quasi-indépendance peut en permettre ou en faciliter l'essor, si le nouvel État sait prendre les mesures destinées à soutenir, à aider, à développer l'économie. Combien de temps faudra-t-il pour mettre en marche les organismes nécessaires au pays nouveau ? Dans quelle mesure saura-t-il prendre les décisions voulues dans des domaines où le groupe francophone n'a ni tradition, ni expérience, ni équipes préparées ? L'indépendance ne se fera pas sans doute du jour au lendemain. Mais le nouveau régime pourra-t-il à temps mettre sur pied tout ce qui assurera le fonctionnement du nouvel État : fonction publique, politique monétaire, douanière, commerciale, agricole, planification ? Dans quelle mesure l'élément anglophone collaborera-t-il avec un régime dont l'intention première est, sinon de le faire disparaître, tout au moins d'en diminuer l'importance et le rôle ? La province, entendons ici la campagne, accueille encore assez froidement la proposition de cette aventure. Comment la région de Montréal – où se trouvent un tiers de la population et un pourcentage encore plus élevé de l'économie – suivra-t-elle le mouvement d'émancipation ? On peut être certain qu'elle n'adhérera que lentement, incomplètement, à contrecœur à tout mouvement d'indépendance, à moins qu'on le lui impose; ce qui présentera des problèmes de conviction collective, d'adaptation, d'opposition violente ou sourde et qui mènera peut-être à une quasi-guerre civile. Si l'élément anglophone, appuyé par les néo-Canadiens, se rebelle – et il le fera au début sans doute – il sera appuyé par le reste du Canada.

En supposant que le mouvement séparatiste arrive à ses fins, on peut imaginer que les nouveaux maîtres feront tout leur possible pour aider l'économie francophone, mais comment ? Par une poussée de socialisation, de nationalisation sans doute, mais les nouvelles équipes réussiront-elles beaucoup mieux que ne le fait le régime actuel à maintenir l'économie, à lui donner la force d'expansion nécessaire ? Comme en ce moment, elles auront à faire face aux grandes entreprises canadiennes ou américaines, installées dans le Québec, qui ne se retireront que si leurs affaires deviennent non rentables ou si l'on menace de les nationaliser. Le pays nouveau pourra accueillir, à ses conditions il est vrai, le capital étranger dont il continuera d'avoir besoin. Peut-être aurait-il recours davantage aux entreprises mixtes dans le domaine minier, par exemple ? On ne peut imaginer une émigration en masse des sièges sociaux vers l'Ontario ou le Nouveau-Brunswick, à moins qu'on ne leur rende la vie intenable. On peut croire cependant que, si on va trop loin dans la voie des restrictions, on se trouvera dans la situation d'un pays du marché commun, dont les exigences seraient telles que l'industrie américaine déciderait de s'installer au-delà de ses frontières, mais dans un pays membre du marché et ayant accès chez lui sans barrière douanière.

Il est probable qu'un gouvernement souverain pourrait faire beaucoup plus pour ses ressortissants qu'un gouvernement provincial. D'un autre côté, en restreignant les débouchés des entreprises existantes ou nouvelles, le Québec indépendant risquerait d'éloigner les collaborations étrangères plus qu'il ne les faciliterait. A moins qu'il puisse offrir des ressources qu'on ne trouve pas ailleurs : de la main-d'œuvre à l'électricité, des ressources forestières aux mines. Québec a développé ses mines de fer dans le Labrador, mais il n'aurait pu obtenir les collaborations américaines voulues s'il n'y avait pas eu la canalisation du Saint-Laurent pour amener le minerai à l'endroit où on l'utilise dans le lac Michigan.

Que, théoriquement, un Québec indépendant soit possible, je ne crois pas qu'on puisse le nier. Mais, avant de conclure qu'en pratique le projet soit réalisable et économiquement avantageux, il faudrait se convaincre qu'on peut organiser, développer, maintenir son économie, empêcher qu'elle ne devienne encore plus assujettie à l'influence extérieure. Tout cela exige des études approfondies et plus difficiles qu'une simple réaction plus ou moins passionnée ne le croit. Que ménagerait à la génération actuelle une évolution trop rapide, mal étudiée, trop brutale ? C'est cela qu'il faut se demander avant d'aller plus loin si on ne veut pas la sacrifier en croyant qu'on lui rend service collectivement.

Ne vaudrait-il pas mieux imaginer autre chose : des collaborations plus étendues, mieux préparées, plus réfléchies, faites à nos conditions ? Avant de s'orienter vers un autre régime politique, je crois sincèrement qu'il faut y réfléchir très sérieusement. S'il est possible de s'entendre, il faut le vouloir et procéder avec la même ténacité que les anglophones. Eux ne lâcheront qu'à la dernière extrémité et simplement pour faire l'économie d'une révolution. S'il faut souhaiter qu'ils comprennent la nécessité d'une évolution volontairement consentie avant qu'il ne soit trop tard, il faut aussi former le vœu que les francophones sachent ce qu'ils veulent, l'expriment avec précision et appliquent leurs solutions avec compétence et ténacité, en commençant de préférence dans le cadre actuel.

L'AVENIR DE L'ENTREPRISE AU CANADA FRANÇAIS

Les conseils des vieillards sont comme les soleils d'hiver :
ils éclairent et ne réchauffent pas.
ANDRÉ MAUROIS

Durant le prochain quart de siècle, l'entreprise au Canada français sera ce qu'on la fera, quel que soit le régime politique. Truisme ? Assurément, mais je ne pense pas qu'on puisse dire davantage sans courir le risque de se tromper lourdement, tant les choses, les équipes et les politiques changent rapidement. Tout dépendra de l'orientation que prendra l'économie du pays. Je crois que l'on peut indiquer tout au plus quelques conditions d'essor, ou même de survie, du groupe francophone dans le domaine qui nous occupe.

1. *La première condition me paraît être d'assurer l'adaptation et la transformation de l'entreprise en n'hésitant pas à avoir recours aux col-*

laborations extérieures. Je ne pense pas que cesse la poussée d'initiative individuelle, qui vient des couches les plus actives de la population, c'est-à-dire la petite et la moyenne bourgeoisie. Mais pour qu'elle donne des résultats valables, il faudra que ses initiatives soient mieux étudiées, mieux coordonnées, mieux exécutées. Elle ne pourra plus se lancer au hasard des jours et des circonstances, sans se demander où elle va ni comment elle y parviendra. Les entrepreneurs, les intermédiaires, les pouvoirs publics et les enseignants spécialisés le comprennent de plus en plus et sont disposés à collaborer dans des études d'ensemble ou dans des recherches particulières qui indiqueront la voie à suivre, les productions et les débouchés possibles. Il est essentiel qu'il en soit ainsi, car la grande entreprise va continuer de proliférer dans une société où, de plus en plus, il faudra lutter pour trouver les marchés nouveaux, pour faire face à une concurrence très âpre, pour trouver des méthodes de travail mieux adaptées et des produits nouveaux. L'exemple de la pétrochimie est intéressant à ce sujet, avec les extraordinaires utilisations des hydrocarbures et des produits plastiques, en particulier. La moyenne entreprise est incapable de faire seule des recherches assez étendues mais elle pourrait se grouper, constituer des bureaux d'étude et faire faire des sondages assez poussés pour pouvoir évoluer à temps. Ainsi, elle éviterait de se trouver tout à coup devant un vide presque complet, comme ce fut le cas pour tant de sociétés dans le passé, que l'on a lancées ou relancées avec une capitalisation hypertrophiée, sans tenir compte du lendemain. Pour résister, la moyenne entreprise devra voir plus grand, ne pas hésiter à faire ou à faire faire des travaux en commun, à fusionner avec d'autres au besoin, à rechercher des collaborations techniques ou financières avec le Canada anglais ou avec l'étranger.

Il ne s'agira pas pour elle d'attendre qu'on vienne lui offrir de l'acheter. Se vendre au plus offrant est une solution facile et d'un rendement individuel immédiat, mais il faut éviter cet écueil si l'on veut que le groupe dure. Souvent, ainsi, on cède devant la crainte de l'avenir, devant une concurrence trop âpre, devant des besoins de liquidité ou encore devant la perspective menaçante des droits successoraux – car c'en est une dans bien des cas. On préfère toucher une grosse somme et régler ses problèmes immédiats sans penser à ses collaborateurs et au groupe. Il y a d'autres solutions possibles quand on n'attend pas trop tard. A 70 ou à 75 ans, c'est la sécurité de l'individu qui compte davantage. Mais pourquoi ne pas créer plus tôt l'équipe qui tiendra l'entreprise et la développera ? Pourquoi ne pas prévoir tout de suite la situation critique qui se présentera un jour ? Il ne faut plus vouloir garder tout pour soi : autorité, prestige, initiatives, projets d'avenir. Si l'on a été assez sage pour assurer la succession, dans la famille si la chose est possible, ou avec des gens à qui la société appartiendra rapidement sans les surcharger, on aura assuré la survie de celle-ci et on l'aura préparée à atteindre un niveau plus élevé. Si tous ne peuvent pas obtenir de leur vivant que leur affaire devienne une grande entreprise, ils doivent permettre à leurs successeurs de lui donner l'essor voulu. Or, cela s'obtient généralement grâce aux initiatives de la jeune génération. Celle-ci n'a pas peur de l'avenir. Elle est audacieuse et, si elle est bien formée, elle fera franchir rapidement de nouvelles étapes à la société.

C'est dans ce sens que devra se faire l'effort des générations nouvelles, sans quoi il faut prévoir l'effritement graduel du bloc économique canadien-français, ou son plafonnement, quel que soit le régime au pouvoir.

De plus en plus, le groupe francophone pourra compter sur des éléments qu'il n'avait pas dans le passé. L'instruction est plus répandue, mieux orientée, d'une qualité meilleure et mieux adaptée aux besoins de l'heure. Il y a des équipes spécialisées qui, avec l'expansion de la formation supérieure, seront de plus en plus nombreuses : ingénieurs, administrateurs, techniciens, chercheurs. Le milieu canadien-français est, à ce point de vue, beaucoup plus avancé qu'il ne l'était il y a vingt-cinq ans. Tant dans l'entreprise privée que publique, il y a des Canadiens français en place, dans les entreprises appartenant aux francophones ou aux autres. Ils connaissent à fond leur métier, quand on leur donne l'occasion de diriger de grands travaux, de grandes sociétés ou de grands mouvements. Ils ont les qualités nécessaires et ils le montrent par les résultats. Ils ont aussi la possibilité de se procurer les capitaux par voie de souscription d'actions ou d'emprunt pourvu que l'entreprise soit bien dirigée, viable, que ses ressources soient réelles et non cachées dans des inventaires avec lesquels on a joué. Ces capitaux, on peut se les procurer auprès d'entreprises provinciales, comme la nouvelle caisse de crédits industriels que le gouvernement provincial a mise sur pied, ou fédérales, comme la Banque d'expansion industrielle ou, enfin, auprès des entreprises de crédit privé, les banques commerciales, les intermédiaires ordinaires entre le prêteur et l'emprunteur. On peut également songer à des collaborations avec les entreprises mixtes, avec les sociétés de gestion, en général, pourvu qu'elles ne soient pas des façades ou des prête-noms. On peut aussi négocier des ententes avec l'étranger mais sans aller jusqu'à céder la majorité des actions. On ne devrait le faire, en effet, qu'en dernier recours, car le groupe initial ne reste plus maître de son entreprise. Or, c'est à le demeurer qu'il faut tendre si l'on veut garder l'autonomie de l'économie canadienne à peu près intacte. Il y a les collaborations possibles sur le plan de la production, de la productivité et de la mécanisation, aussi bien que sur le plan financier, comme je l'ai dit précédemment. Dans ce dernier cas, il faut tendre à des emprunts remboursables autant que possible, même avec une participation au capital-actions pourvu qu'elle soit faible. Les obligations, en effet, seront remboursées un jour, tandis que les actions restent.

Des collaborations techniques sont possibles sur le plan de la production, quand on sait qu'on peut difficilement faire soi-même un produit qui exige des matières premières difficiles ou coûteuses à se procurer, des connaissances techniques étendues, des marchés difficiles d'accès, des recherches coûteuses ou une mise au point longue et exigeant des capitaux élevés. Les usines très mécanisées, en particulier, sont lentes à mettre en marche, avec une productivité suffisante. Il n'est guère d'exemple qu'une grande usine de ce genre ait pu atteindre le point d'efficacité avant un an ou un an et demi après sa construction. Or, pour tenir le coup, il est nécessaire d'avoir les reins très solides. Autrement, le risque de sombrer est plus ou moins éloigné.

Ces collaborations avec des gens de l'extérieur sont non seulement possibles, mais elles sont désirables, pourvu que l'on évite, encore une fois, que ces derniers mettent la main sur l'entreprise tôt ou tard. Et c'est là qu'interviennent la force de réaction des intéressés, une certaine fierté nationale, un désir d'être utile à la communauté, de résister à un envahissement des capitaux de l'extérieur, qui est dangereux quand il n'est pas canalisé ou endigué et quand on le laisse libre d'agir uniquement dans le sens des intérêts de l'autre partie. Veut-on quelques chiffres pour le comprendre ? Et d'abord, une statistique qui souligne la marée montante des capitaux étrangers, américains, en particulier, et leur mainmise sur certains secteurs de l'économie :

POURCENTAGE DE L'INDUSTRIE CANADIENNE QUE DÉTIENNENT LES CAPITAUX ÉTRANGERS OU QU'ILS CONTRÔLENT

	1954	1961	1963
Industrie manufacturière	51	59	60 (46)
Pétroles et gaz naturel	69	74	74 (62)
Mines et affinage des produits miniers	51	59	59 (52)

Quand on examine certains de ces chiffres d'un peu plus près, on constate qu'en 1961, dans l'industrie manufacturière, l'étranger et les Américains, en particulier, par voie d'actions ou de contrôle, avaient 99 pour cent des entreprises de caoutchouc, 97 pour cent des usines fabriquant des automobiles ou des accessoires, 79 pour cent de l'industrie chimique, 78 pour cent du matériel électrique. Ils avaient aussi 69 pour cent de la production de pétrole et du gaz naturel. Ces chiffres remontent à quelques années. Or, l'entrée des fonds étrangers continue. Déjà, le gouvernement canadien a fait un effort systématique dans le domaine des banques, des sociétés de fiducie et des assurances en plafonnant les participations nouvelles de l'étranger. C'est ainsi qu'il a fixé la souscription totale à 25 pour cent de la capitalisation et la participation individuelle à 10 pour cent avec droit de vote limité. Peut-être faudra-t-il faire la même chose dans d'autres domaines, tout en cherchant à ne pas tarir une source de fonds et d'initiatives indispensables dans certains secteurs, comme les entreprises où le capital de risque est élevé et où les connaissances du métier ainsi que les relations avec le marché extérieur sont indispensables.

Dans le Québec, des initiatives complémentaires, comme la Société de prospections minières, sont intéressantes pour indiquer le champ d'action disponible et ses richesses et pour exercer le contrôle nécessaire sur leur utilisation. Peut-être l'État provincial pourrait-il compléter son initiative dans ce domaine, en se faisant remettre des actions du trésor par les sociétés exploitantes. En procédant ainsi, il gênerait moins celles-ci qu'en se faisant verser des redevances à une époque où les charges sont lourdes. De plus, ces actions permettraient au pays de toucher une part importante des bénéfices et la plus-value des actions, une fois terminée la mise en marche de l'entreprise. Il y a peut-être là une solution qui mettrait l'État dans la position d'un actionnaire important, sans autre risque que des frais de prospection et d'information, tout en chargeant l'entreprise le moins possible à une époque où elle a des problèmes difficiles.

Il est assez curieux de voir comment procède un autre voisin des États-Unis. Le Mexique subirait la même poussée envahissante des capitaux, s'il n'y veillait. Pour se protéger, tout en utilisant les puissants moyens d'action des nations étrangères – des États-Unis en particulier – ce pays a adopté une politique qui tend :

a) à lui apporter des collaborations dont il a un besoin essentiel pour assurer l'expansion de son économie, la formation des cadres indigènes, la participation de ses élites à l'essor du pays et l'emploi de sa population. Comme on le sait, celle-ci a eu une extraordinaire croissance depuis qu'on est parvenu à lutter efficacement contre le paludisme, la tuberculose et les infections intestinales;

b) à empêcher le capital étranger de mettre la main sur les secteurs essentiels de la vie économique : l'électricité, les banques, les ressources naturelles, les services publics;

c) à éviter que l'étranger ne s'empare entièrement et définitivement de l'industrie secondaire.

Le Mexique parvient assez bien à ce triple résultat, semble-t-il, en exigeant par exemple que la part du capital mexicain soit de 51 à 66 pour cent, selon le cas, pour les entreprises minières, en insistant pour que, dans le cas des entreprises commerciales et industrielles, étrangers et Mexicains collaborent étroitement pour la fondation ou l'exploitation des entreprises nouvelles. Pour les établissements existants, il semble que, sous la poussée plus ou moins directe du gouvernement, les grandes sociétés consentent à vendre une part assez importante de leurs actions aux Mexicains, au besoin en espaçant le paiement sur cinq ou dix ans. Or, la politique suivie n'empêche pas les capitaux étrangers d'entrer au Mexique. Ainsi, de 1960 à 1965, ils sont passés de 78 à 197 millions. Même si on est loin de l'afflux que l'on constate au Canada, la marche est croissante et n'est pas arrêtée par de sévères mesures de contrôle.

2. *Comme deuxième condition à l'essor du milieu économique au Canada français, il faut insister sur l'établissement de meilleures relations entre patrons et ouvriers.* De meilleures relations me paraissent également un des problèmes les plus graves du prochain quart de siècle. L'attitude actuelle des deux parties est mauvaise dans l'ensemble. D'une part, on a des patrons plus ou moins isolés, qui ont bien peu souvent de politique ouvrière. Presque toujours, chacun attend que le choc se produise. Il cherche avant tout à limiter les dégâts en utilisant les moyens mis à sa disposition par la législation ouvrière. De leur côté, les syndicats emploient toutes les tactiques possibles. Peut-on blâmer les uns et les autres ? A court terme peut-être que non, mais à long terme, sûrement. Le patron s'en tire le mieux possible. Ce qu'il veut avant tout, c'est ne pas surcharger son prix de revient. Même s'il est obtenu de manière bien pragmatique, le résultat immédiat n'est pas mauvais. Mais le patron pousse ainsi les syndicats à demander le maximum pour obtenir ce qu'ils pourront. Ceux-ci sont orientés actuellement presque entièrement vers la rémunération maximale. Il leur faut obtenir le plus possible pour empêcher que leurs troupes ne changent de syndicat. L'escalade est très nette : un avantage accordé dans une entreprise étant aussitôt exigé dans une autre, ce qui entraîne parfois des résultats inattendus, comme la faillite de l'entreprise à plus ou moins long terme, la diminution de ses ressources liquides à un point dangereux, le déménagement à un autre endroit où la production est plus facile, à cause du marché, du transport, des exigences moindres d'un autre syndicat, de l'approvisionnement en matières premières moins coûteux, plus abondant ou, enfin, comme la mécanisation plus poussée de l'entreprise, qui est un résultat des difficultés ouvrières aussi bien que des progrès mécaniques nécessaires. Dans un avenir plus ou moins rapproché, tout cela se traduit souvent par une diminution du nombre d'ouvriers ou, encore, par la nécessité d'une réadaptation coûteuse et qui n'est possible qu'à un certain âge.

L'entreprise, au Canada français comme ailleurs, devra prendre une attitude différente envers le monde ouvrier si elle veut survivre ou se développer. Dans ce domaine également, les patrons devront se grouper pour étudier en commun leurs problèmes, leurs besoins et leurs politiques. Il sera très important qu'ils mettent de côté cet individualisme qui les a servis, qui les servira encore dans certains cas, mais qui, pour la solution des problèmes ouvriers, ne peut que leur nuire. Il leur faut opposer, à un syndicalisme bien organisé, un patronat uni et ayant ses politiques d'ensemble. Il faut qu'ils puissent prendre à l'avance des attitudes précises, conciliatrices autant que possible, intelligentes et compréhensives. Ils ne doivent pas donner l'impression de vouloir rouler l'autre partie (qui ne s'en prive guère d'ailleurs). Il faudrait aussi que, de part et d'autre, cesse cette attitude négative qui, souvent, entraîne des conflits où la mauvaise foi est évidente. Ne peut-on imaginer, comme en Suède, des interlocuteurs également forts, également bien organisés et bien documentés et ayant des ressources considérables, qu'on les appelle fonds de grève ou réserves d'éventualité ? Il est évident que, en Suède, une masse de manœuvre de 75 millions donne au patronat une position de force, qui accorde à la menace de lock-out une valeur de négociation certaine. Mais il y a aussi tous les services que le centre du patronat apporte : services d'étude, de statistique, de planification, mais aussi de négociation et d'intervention, qui complètent l'organisme et en font une force de frappe efficace à une époque où la puissance est au nombre organisé et non à l'individu isolé.

Pour obtenir un résultat positif, il faut, je pense, que changent les méthodes de travail et, surtout, l'esprit. On ne doit plus avoir l'impression d'une lutte sans merci, où tous les moyens sont bons : mensonges, propagande tendancieuse qui va de l'à-peu-près vrai à l'à-peu-près faux. C'est à cette propagande que le personnel de la radio, de la télévision et des journaux se prête au niveau de la nouvelle, lorsque les syndicats sont en cause. Cela provoque une situation presque intolérable, quels que soient les résultats obtenus dans l'immédiat.

Pour faciliter l'évolution, faut-il avoir recours à la cogestion, à l'actionnariat populaire ou simplement à l'information méthodique, honnête du travailleur, à la participation de l'ouvrier et des cadres à certains aspects de l'administration, mais non du syndicat lui-même ? Théoriquement, tout au moins, celui-ci n'a rien à voir à la direction de l'entreprise. Quelle que soit la méthode suivie, il faudrait qu'elle réunisse les parties, plus qu'elle ne les éloigne, comme on le fait actuellement. Pour cela, il faudrait, de part et d'autre, aborder les solutions non dans un esprit de revendication acerbe, de droits acquis, mais avec le désir de rapprocher des gens qui devraient travailler à l'œuvre commune. Comment veut-on qu'il en soit ainsi, disent les syndicats ouvriers, tant qu'on ne donnera pas à l'employé l'impression qu'il joue dans l'affaire autre chose qu'un rôle passif ou tant qu'il remplira une fonction de robot à qui on verse le salaire maximum que peut supporter l'entreprise ? Il y a là un argument auquel il faut réfléchir.

Quel que soit le régime politique de demain, de bonnes relations entre patrons et ouvriers seront l'une des conditions de l'économie. C'est pourquoi on peut dire que, dans les années à venir, il y aura là un autre problème essentiel d'essor ou de survie de l'entreprise au Canada français.

3. *Lutter contre un certain esprit socialisant me paraît également être une condition primordiale.* Il y a en ce moment, dans la province de Québec, un esprit socialisant très répandu dans la jeune génération et parmi les intellectuels et les syndicalistes. C'est ainsi qu'on voit des partis, traditionnellement de droite, avoir des politiques de gauche sous la poussée des jeunes couches, des événements ou des revendications ouvrières et ne pas s'en étonner. Cela est tout à fait compréhensible quand on songe aux influences exercées par les milieux syndicaux et à la nécessité de réprimer ou d'empêcher les abus qu'un milieu économique quelconque ne peut éviter, quelle que soit la clairvoyance de ses dirigeants. S'il a une grande qualité de dynamisme, le capitalisme doit être contenu dans une économie surveillée ou tout au moins planifiée indicativement; sinon il se détruit lui-même. C'est, je pense, ce que M. Raymond Aron a appelé l' « autodestruction du capitalisme ».

On constate tous les jours ces tendances socialisantes, aussi bien à la radio qu'à la télévision, dans les conversations ou dans les journaux et les recommandations des syndicats. Dès qu'une chose, une entreprise ou un mouvement ne vont pas ou ne fonctionnent pas comme on le souhaiterait, on suggère à l'État d'intervenir, non pas comme un élément correctif, catalyseur, supplétif ou stabilisateur, mais pour remplacer l'initiative privée.

Il faut souhaiter que la jeune génération comprenne que l'intervention directe de l'État n'est pas une panacée, et qu'elle cesse de tout vouloir orienter vers l'État. Par la planification, celui-ci est un précieux adjuvant. Il peut rendre les plus grands services, non pas en remplaçant les entreprises non rentables ou en créant des concurrents à des entreprises rentables, mais en montrant la voie, en y facilitant l'accès et en intervenant seulement là où l'initiative privée en est incapable, abuse d'une situation privilégiée ou hésite devant le risque ou l'ampleur des ressources nécessaires.

Pour appliquer une politique de ce genre, l'État central ou provincial, selon le cas, a des moyens d'action efficaces. Ainsi, par une politique douanière appropriée, l'État central peut entraîner la création d'une fabrication particulière qui ne pourrait vivre autrement. Il peut permettre à certaines entreprises de doubler le cap d'une situation difficile en les protégeant suffisamment contre la concurrence étrangère. C'est le cas, par exemple, de l'industrie textile au Canada qui emploie un nombre considérable d'ouvriers. Par une politique d'exportation et par l'aide accordée par ses services extérieurs, l'État peut contribuer à développer considérablement certaines entreprises. Un tiers des affaires canadiennes ne se font-elles pas actuellement à l'extérieur du pays ? Comme il l'a déjà fait, il peut empêcher l'expédition à l'étranger de certaines matières à l'état brut. Ce fut le cas, par exemple, du bois à pâte de cellulose, ce qui a permis de créer une immense industrie du papier. L'État aurait pu également donner naissance à une industrie secondaire de l'amiante s'il n'avait laissé les sociétés extraire la fibre au Canada et l'utiliser à l'étranger. Il peut agir sur l'économie par des politiques de contingentement, de prix minimum, de ventes négociées avec l'étranger, par la distribution gratuite d'engrais, de semences, etc., par des analyses et des traitements de sol, par une politique d'irrigation, par des études régionales, par le reclassement des réserves forestières. Par la réglementation de la monnaie et des crédits, par de grands travaux faits au bon moment, il peut accélérer ou ralentir l'économie, qui menace de traîner ou de s'emballer. Les conceptions du dirigisme sont nombreuses, variées. Si elles sont bien délimitées et appliquées intelligemment par des services bien organisés, les résultats peuvent être extrêmement efficaces. Enfin, par des taux de dépréciation ou d'amortissement, par les jeux de l'impôt sur le revenu et des impôts successoraux, par des subventions, par des sociétés mixtes ou par des nationalisations justifiées, l'État peut exercer une influence très importante sur l'avenir de l'entreprise privée ou publique.

Si on a jamais, au Québec, un État socialiste, on peut parfaitement imaginer un gouvernement qui s'efforcera de réaliser pleinement une politique sociale très élaborée; ce qui est le cas en Suède en particulier. Mais, en face, on peut également apercevoir, comme en Suède, une entreprise privée qui prend sa large part des frais de la politique sociale et qui, à elle seule, a quatre-vingt-dix pour cent des établissements industriels et commerciaux. Le gouvernement socialiste se rend bien compte qu'il a ainsi une force productrice précieuse pour le pays. Il ne la gêne pas dans son expansion; il la facilite même tout en maintenant sur elle un contrôle indispensable. A mon avis, c'est à cette conception qu'il faut essayer d'atteindre, en se rappelant qu'il n'est pas plus possible, en ce moment, d'avoir une société capitaliste intégrale qu'une société socialiste correspondant à la théorie établie, mais dépassée depuis longtemps. Comme l'une doit être contenue, maintenue, orientée dans certaines de ses initiatives, l'autre doit emprunter nécessairement certains éléments au dynamisme et aux règles de l'initiative privée.

C'est cela, je pense, qu'on doit comprendre si on ne veut pas jeter notre société dans un terrible chaos à l'occasion d'une orientation politique différente. Il faut admettre, cependant, que le capitalisme anglo-saxon rend l'évolution difficile. Trop souvent, sans en parler, celui-ci a bloqué les avenues de ses entreprises aux parlants français, à l'entrée ou aux niveaux supérieurs. Ainsi naissait la conviction chez les jeunes qu'ils ne parviendraient jamais à y pénétrer sans handicap, tant que l'initiative privée tiendrait les leviers de commande.

De son côté, le capitaliste francophone doit faire la différence entre les initiatives de l'État qui atteignent ses droits profondément et celles qui peuvent l'aider à court ou à long terme. Pour cela, il faudrait qu'il se débarrasse d'un complexe de méfiance, qui s'explique historiquement, mais qui n'a plus entièrement sa raison d'être. N'oublions pas que le conformisme de droite est aussi déplaisant, stérile et irritant que le conformisme de gauche.

Sans aucun doute, au lendemain du centenaire de la Confédération, des études politiques et économiques viendront éclairer bien des questions encore embrouillées; les équipes changeront et la situation évoluera dans le sens où les Canadiens français voudront eux-mêmes l'orienter.

1967

11
L'évolution politique

MAURICE LAMONTAGNE, m.s.r.c.

JE N'AI PAS L'INTENTION de traiter mon sujet à la manière traditionnelle en parlant de notre constitution, de notre régime politique ou de nos mœurs électorales. Il ne sera donc pas question ici de fédéralisme et de séparatisme, ni de partis politiques et des États généraux. Je voudrais plutôt tenter l'étude de phénomènes plus fondamentaux qui détermineront l'évolution même de notre vie politique et qui lui imposeront ses principaux objectifs.

Le premier phénomène que je désire signaler, c'est celui de l'abondance. Une société devient « affluente » quand l'homme moyen préfère travailler moins plutôt que de gagner davantage, quand il est protégé contre les principaux risques de la vie, quand l'éducation lui devient facilement accessible et qu'il consacre une portion relativement faible de son revenu aux nécessités de l'existence. Le Canada – y compris évidemment le Canada français – s'approche de cette situation. Au cours des derniers vingt-cinq ans, la durée du travail de l'homme moyen a diminué d'environ 30 pour cent; le revenu réel par habitant a doublé; un vaste système de sécurité sociale a été établi. Notre économie est entrée dans sa phase postindustrielle, puisque près de 60 pour cent de notre main-d'œuvre travaille dans le secteur tertiaire, c'est-à-dire celui des services.

L'abondance constitue sans doute le plus vieux rêve de l'humanité. Nous pensions qu'elle réglerait tous les problèmes. Nous devons maintenant apprendre, ce que le riche a toujours su, que l'argent ne fait pas le bonheur. Dans la société d'abondance, le pauvre se sent plus miséreux. Les élites mènent une vie professionnelle et sociale de plus en plus endiablée, ce qui engendre des déséquilibres personnels et familiaux.

Ce qui caractérise surtout le passage de l'économie de rareté à l'économie d'abondance, c'est la promotion économique de l'homme moyen qui devient aisé pour la première fois depuis les débuts de l'humanité. Avec l'économie de rareté, l'homme moyen n'avait pratiquement pas accès à l'éducation; il n'était pas protégé contre l'insécurité. Il consacrait la plus grande partie de sa vie à un dur labeur, à des activités physiques, à la production de biens matériels afin de subsister, de se procurer les nécessités de la vie, de satisfaire ses besoins primaires, végétatifs et animaux. Les périodes de l'adolescence et de la vieillesse étaient courtes. L'homme moyen avait peu de temps pour les loisirs. L'usage des facultés instinctives et sentimentales dominait la vie de l'individu. Dans une société de travail, de travail physique surtout, c'était l'époque de *l'homo faber*.

L'homme moyen de l'économie de rareté se sentait pourtant intégré à la société. Au Canada tout au moins, il n'était pas tellement éloigné des classes dirigeantes et professionnelles. Mais surtout il avait son monde à lui, construit à sa dimension. Son milieu était restreint et familier. Sa vie de loisirs était peu développée et facilement remplie. Son travail était dur, mais il n'avait pas de problèmes de régime alimentaire ou de sommeil. Il était soumis aux contraintes de nécessité mais il connaissait à peine les impératifs imposés par le choix et les règlements. Sa vie familiale était intense et ordonnée; les problèmes de natalité et de divorce ne se posaient pas. Sa vie politique était simplifiée par l'esprit de parti. Sa vie religieuse était rudimentaire mais enracinée; elle lui faisait accepter son sort comme inéluctable et méritoire, en attendant la mort et un monde meilleur. En somme, le monde terrestre de cet ancien homme moyen, c'était ni le paradis ni l'enfer, mais plutôt les limbes.

Avec l'économie d'abondance, l'homme moyen devient aisé, ce qui ne signifie pas que tous ses besoins économiques sont comblés. Au contraire, il en a davantage, ce qui pose le problème du choix, et les options sont plus diversifiées, plus individualisées. C'est là, d'ailleurs, une nouvelle source de frustration. Par contre son activité physique diminue considérablement : il préfère souvent réduire ses heures de travail plutôt que d'accroître son niveau de vie; il consacre de moins en moins de temps à la production de biens matériels et il contribue de plus en plus à créer des services; le travail physique lui-même devient moins ardu. L'aspect végétatif et animal de sa vie prend moins d'importance. Il a beaucoup plus de temps à consacrer aux activités de caractère non économique et psychique. En cessant d'être uniquement un *homo faber*, il doit se résoudre à apprendre son difficile métier d'homme.

L'homme moyen de l'économie d'abondance est un homme nouveau, mais c'est aussi un homme seul. En devenant plus aisé, plus éduqué, il s'est déraciné du monde simple qui lui était familier; il vit maintenant dans un univers qui n'est pas fait pour lui, qui est conçu pour et par des élites de plus en plus éloignées de lui. L'homme moyen aisé devient ainsi le parvenu frustré d'une société qui ne l'accepte pas.

Le milieu de l'homme moyen est devenu plus urbain, anonyme et encombré. En tant que consommateur, sa nouvelle aisance a aiguisé son appétit. Il est donc revendicateur. L'entreprise où il travaille est gigantesque; son patron est devenu impersonnel et son chef syndical a rejoint les élites. Il a beaucoup plus de loisirs, mais son entourage immédiat a cessé de les remplir; il lui reste en définitive la télévision, mais le niveau de celle-ci est souvent trop bas ou trop élevé pour lui convenir. Sa vie familiale est désorganisée. Il a de la difficulté à se reconnaître dans les partis politiques et à participer au jeu de la démocratie. Ses croyances religieuses traditionnelles qui donnaient un sens à sa condition de pauvreté ne correspondent plus à sa nouvelle situation d'aisance. Son ancien fatalisme est devenu de l'inquiétude, sinon de l'indifférence. Le monde ancien de l'homme moyen auquel il était adapté est disparu. Son nouveau monde n'est pas le sien; c'est surtout celui des élites.

Ainsi l'ère de l'abondance, vue dans la perspective de l'homme moyen, pose un ensemble de nouveaux problèmes. Elle lui a apporté l'aisance mais aussi la solitude et l'ennui qu'il ne tolérera pas indéfiniment. Elle a effectué sa promotion économique sans trop se préoccuper de sa promotion sociale et culturelle. En somme, la tâche essentielle de la société nouvelle, c'est peut-être surtout la promotion intégrale de l'homme moyen, sans oublier évidemment la lutte sans merci à la pauvreté.

L'ajustement individuel et collectif aux conditions de l'abondance exigera de nouvelles attitudes, de nouvelles politiques et de nouvelles institutions. Toutefois cette adaptation ne serait pas trop difficile si elle pouvait se faire dans un contexte familier et statique. Malheureusement, tel ne sera pas le cas. Au moment où nous parvenons à l'abondance, une troisième révolution technologique majeure commence. Nous arrivons à l'âge atomique, à l'âge spatial et, ce qui sera encore plus important pour l'homme, à l'âge de la cybernation, c'est-à-dire à l'emploi conjugué de l'automatisation et des ordinateurs. Et j'en arrive ainsi au deuxième phénomène fondamental qui conditionnera notre vie politique de demain, celui de la révolution industrielle permanente.

Au siècle dernier, la machine à vapeur était venue se substituer à l'énergie physique de l'homme ou de l'animal. Aujourd'hui, nous inventons d'autres machines qui peuvent remplacer les organes du corps humain et répéter leurs gestes les plus compliqués avec plus de précision et de rapidité que l'homme lui-même. Bien plus, nous produisons maintenant des machines à penser qui deviennent d'étonnantes extensions de notre esprit. Elles peuvent apprendre; elles peuvent découvrir et corriger leurs propres erreurs. Elles sont capables d'une pensée aussi originale que celle de l'homme de préparation moyenne. On peut prédire dès maintenant que les enfants qui naissent aujourd'hui vivront dans un monde cybernétisé lorsqu'ils se présenteront sur le marché du travail.

Même si le processus des découvertes scientifiques devait s'arrêter à son stade actuel, la nouvelle révolution technologique aurait des répercussions spectaculaires sur tous les aspects de la vie humaine. Et pourtant, le progrès scientifique, loin de s'arrêter, ira en s'accélérant. Il y a environ un million 550,000 chercheurs dans le monde présentement, ce qui représente plus de 90 pour cent de tous les chercheurs qui ont vécu depuis le début de l'humanité. Aux États-Unis seulement, environ 25 milliards de dollars sont consacrés annuellement à la recherche. Celle-ci n'est donc plus un phénomène rare et isolé. Le progrès scientifique cesse d'être lent et irrégulier. Les découvertes deviennent un processus constant dont le rythme est déterminé par le niveau des dépenses consacrées à la recherche. Pour la première fois dans son histoire, l'humanité parvient à l'ère de la révolution scientifique permanente.

La Bible nous rapporte que Dieu créa l'homme à son image et à sa ressemblance. C'est à cause de cela sans doute que l'homme à son tour est en voie de créer la machine à son image et à sa ressemblance. Il avait d'abord fabriqué des engins qui étaient des prolongements et des extensions de son corps. Avec la révolution scientifique permanente et les machines à penser, il parvient en quelque sorte à insuffler une âme à sa créature. Et celle-ci, même si l'œuvre de création est encore bien loin d'être terminée, est déjà dans bien des cas plus puissante et plus parfaite que son créateur. C'est ainsi que le *deux ex machina* prend un sens nouveau et inattendu.

Mais il ne s'agit pas uniquement d'une révolution scientifique gigantesque et permanente. On se rend compte aussi, avec le rapprochement des différents secteurs de la recherche, que les délais qui séparent l'application de la recherche, l'innovation industrielle de la découverte scientifique deviennent de plus en plus courts. Ce phénomène est illustré de façon dramatique par l'immense progrès que la conquête de l'espace a accompli au cours de la dernière décennie. Ainsi, la corrélation plus étroite, même dans le temps, qui existe entre le progrès scientifique et le progrès technique, annonce à son tour une révolution technologique permanente.

Enfin, on peut prévoir que les innovations vont se généraliser beaucoup plus rapidement qu'auparavant dans le circuit économique. Plusieurs facteurs concourent à ce résultat; de meilleurs renseignements techniques, un accès plus facile à ces renseignements, le nombre croissant de scientifiques au sein de l'entreprise, une gestion plus alerte et dynamique, l'élimination des frontières géographiques entre les marchés et une concurrence internationale plus poussée. On peut donc entrevoir en même temps une révolution industrielle permanente.

Ainsi, l'humanité se trouve projetée en orbite sous l'impulsion de ses propres réussites scientifiques et elle restera en mouvement perpétuel. Le monde, surtout le monde industrialisé, est condamné à changer radicalement, rapidement et constamment.

Les problèmes que vont engendrer les deux phénomènes conjugués de l'abondance et de la révolution industrielle permanente constituent le grand défi de la société politique de demain. C'est dans cette perspective nouvelle et mobile que devra s'effectuer la promotion intégrale de l'homme moyen. Il est clair que celui-ci ne pourra pas à lui seul apprendre son nouveau métier d'homme. Devenu aisé et conscient, il aura pourtant besoin plus que jamais des élites pour s'élever.

Malheureusement, on dirait que, au Canada français en particulier, un fossé grandissant se creuse entre les élites et le peuple. Voilà le troisième phénomène politique que je désire signaler. Le professeur Jean-Charles Falardeau l'avait déjà souligné en 1952, mais ce problème a pris depuis une plus grande ampleur. On peut dire maintenant qu'il existe deux solitudes au sein même de la société canadienne-française.

Les élites sont trop exclusivement préoccupées par la question nationale. Elles convoquent les États généraux et discutent d'hypothèses constitutionnelles. Elles sont tentées par le séparatisme; elles proposent des États associés et réclament un statut particulier pour le Québec. Elles tentent de s'ajuster à l'heure de la France. Le peuple, lui, est déjà à l'heure des États-Unis. Les sondages et les enquêtes montrent, en effet, que le Canadien français moyen se préoccupe surtout, sans trop en avoir conscience, des problèmes que lui suscitent l'abondance et la révolution industrielle permanente. Ses inquiétudes sont concrètes et singulières et non abstraites et collectives. Il s'attache davantage au court terme qu'au long terme. Il est en quelque sorte un homme universel, en ce sens qu'il diffère peu des autres hommes parvenus au même stade d'évolution.

Ce fossé entre les élites et le peuple doit être rempli. Plus précisément, les élites doivent se rapprocher du peuple si elles veulent arriver ou continuer à diriger. Avec l'économie de rareté, quand l'homme moyen était encore aux prises avec les nécessités de la vie, il acceptait que les élites vivent uniquement pour elles-mêmes, qu'elles dirigent ou bouleversent la société en fonction de leurs propres aspirations. Avec l'abondance, l'homme moyen, devenu conscient, ne tolère pas indéfiniment que les élites dirigent sans se préoccuper de lui, de ses problèmes et de sa façon de les aborder.

Dans un mémoire que je faisais parvenir à des amis du parti libéral du Québec en septembre 1962, je faisais, à ce propos, les observations suivantes :

> Les classes dirigeantes ne sont plus en mesure de diriger parce que, en voulant aller trop vite et en identifiant leurs préoccupations à celles du peuple, elles ont divorcé avec ceux qu'elles étaient censées influencer. Dans un cadre démocratique, l'élite ne peut faire évoluer et progresser une société qu'en gardant un contact humain avec le milieu et en l'acceptant tel qu'il est au point de départ de son action, et non pas en l'imaginant tel qu'elle voudrait qu'il soit. C'est précisément cette technique élémentaire de l'action que la politique de grandeur a mise de côté.
>
> En somme, le peuple ne demande pas mieux que de s'améliorer et de progresser en suivant l'élite mais, pour cela, celle-ci doit *avancer avec lui en le précédant* plutôt que de se rendre sans lui à l'objectif et, de là, lui lancer des appels lointains et l'inviter à venir l'y retrouver. La politique de grandeur a voulu atteindre l'objectif trop vite et elle a laissé le peuple en chemin. Elle risque maintenant qu'il se décourage et retourne d'où il était parti. Comme l'élite d'où elle est issue, elle a manqué de réalisme; elle n'a pas été assez humaine. Le peuple, lui, ne désire vraiment pas rebrousser chemin; il veut avancer, mais il ne peut pas aller trop vite sans risquer de perdre le souffle.
>
> En un sens, la politique de grandeur était révolutionnaire; le malheur, peut-être, c'est qu'elle s'est accomplie sans révolution. Le duplessisme avait empêché le peuple d'avancer; c'est son immobilisme qui l'a tué. Subitement, la politique de grandeur a voulu faire avancer le peuple au pas de l'élite, mais le cœur manque au peuple pour poursuivre la route à cette vitesse. Le duplessisme ne satisfait plus les aspirations du peuple; mais tout d'un coup, la politique de grandeur a voulu lui imposer les aspirations de l'élite. Il faudra bien pourtant laisser digérer le peuple si on veut l'empêcher de vomir la trop bonne nourriture qu'on lui injecte, en trop grande quantité.
>
> Au fond, le peuple désire une politique progressive et honnête mais qui demeure à la mesure de sa taille, de son expérience, de ses besoins. Il ne s'agit pas de retourner aux bouts de chemin et au patronage généralisé. Il ne faut pas non plus continuer une politique trop exclusivement axée sur l'élite. On pourrait dire qu'il faut en quelque sorte rapetisser la politique de grandeur. Mais ce n'est vraiment pas de cela qu'il s'agit, car une politique de grandeur qui fait reculer le peuple n'est pas de la grande politique. Au fond, la grande politique c'est une politique humaine, qui prend l'homme tel qu'il est et qui réussit à

le grandir. Une politique n'est pas nécessairement grande à cause de ses objectifs et de son contenu; elle l'est surtout par ses résultats, quand elle contribue à améliorer l'homme.

Cet avertissement ne fut pas entendu en 1962 et, depuis, le Canadien français moyen s'est vengé. Pour faire face aux défis de la société nouvelle dans la perspective de la promotion intégrale de l'homme moyen, nos dirigeants – et je ne parle pas seulement ici de nos chefs politiques – doivent rejeter l'immobilisme bourgeois et éviter le radicalisme intempestif qui dénote le sous-développement. Ils doivent acquérir un esprit fonctionnaliste, humaniste et prospectif.

La société nouvelle ne peut pas se construire en s'inspirant des doctrines traditionnelles qui ont pu justifier le capitalisme ou le socialisme dans le passé. Nous savons depuis longtemps que le capitalisme fondé exclusivement sur l'initiative privée ne correspond pas aux besoins de notre époque. Le socialisme traditionnel, lui aussi, est dépassé. La socialisation systématique des moyens de production n'est pas nécessaire, ni même désirable pour assurer la croissance et la stabilité. Avec l'abondance, même les consommations collectives font surgir des inconvénients qui leur imposent des limites. Dorénavant, l'action de l'initiative privée qui doit prédominer exige d'être complétée et, au besoin, corrigée et stimulée par l'initiative publique dans un climat de coopération. En somme, il nous faut une doctrine fonctionnaliste.

La société nouvelle, pour atteindre son but, ne peut pas s'inspirer de l'esprit nationaliste. Le nationalisme subordonne le bien de l'individu à celui de la nation. Il est avant tout un phénomène de classe, du moins à son origine et dans ses résultats, car le bien de la nation est défini par les élites en fonction de leurs propres aspirations. Le nationalisme est intolérant à l'égard des « étrangers », mais il est aussi instransigeant à l'égard des « indigènes ». L'esprit nationaliste qui demande aux individus de sacrifier leurs intérêts au bien supérieur de la nation devient souvent incompatible avec la promotion totale de l'homme. Cette promotion, objectif de la société nouvelle, exige surtout un esprit humaniste. L'humanisme recherche avant tout le bien global de l'individu, ce qui est peut-être le plus sûr moyen d'enrichir la nation. Le nationalisme est centré sur la nation; il voit l'indépendance nationale comme un bien absolu, comme une fin ultime et la création d'une société internationale comme une concession, comme une perte de souveraineté; il diminue l'homme en l'isolant. L'humanisme au contraire est centré sur l'homme; il voit la nation comme une protection pour l'individu, l'indépendance nationale comme un moyen, comme un stade de l'évolution séculaire et la société internationale comme un prolongement, comme un accomplissement. L'humanisme est à la fois singulier et universel.

Enfin, la société nouvelle ne peut pas s'inspirer de l'esprit conservateur, selon lequel notre maître, c'est le passé. Dans le monde relativement statique où l'humanité a vécu jusqu'ici, les leçons du passé nous étaient d'un apport précieux pour décider le présent et le futur immédiat. C'était en restant fidèles au passé que nous pouvions mieux préparer l'avenir. Comte a pu affirmer que « les morts gouvernent les vivants » et Renan penser que les gouvernants devaient être recrutés parmi les historiens. Mais avec la société d'abondance et la révolution industrielle permanente, cette période est révolue.

Maintenant, c'est en regardant l'avenir que nous devons décider le présent. Nous ne pouvons plus nous contenter de maintenir ce qui a fait ses preuves et nous inspirer paresseusement de ce qui s'est fait. Le monde de demain ne sera pas seulement nouveau, il sera surtout mobile. Avec la société scientifique, les conditions de la croissance changeront sans cesse et le monde qui nous entoure deviendra une constante re-création. Avec ce mouvement perpétuel, si nous restons tournés vers le passé, nous serons toujours et de plus en plus en retard; nous résoudrons des problèmes qui ne sont plus là et nous ne serons pas préparés à faire face à ceux qui apparaîtront. Dorénavant, il faut nous en convaincre : notre maître c'est l'avenir. C'est l'ère de l'esprit prospectif qui doit commencer.

Enfin, notre société politique – et ici je ne parle pas uniquement du Canada français mais de l'ensemble de la communauté canadienne – doit se donner de nouveaux objectifs, ou encore redéfinir la priorité de ses besoins. Que doivent être ces objectifs ?

D'abord, nous devons *stimuler* le changement, le provoquer en quelque sorte. En effet, si nous voulons protéger et accroître notre affluence, nous ne pouvons pas échapper à la révolution industrielle permanente. Le progrès scientifique et technologique devient la source principale de la croissance économique. Et pourtant nous ne consacrons qu'environ un pour cent de notre produit national brut à la recherche alors que la plupart des autres pays industrialisés dépensent plus de deux pour cent à cette fin. De plus, notre effort manque d'efficacité; il a besoin d'une meilleure direction centrale afin d'éviter les vides et les dédoublements. En somme, nous devons participer beaucoup plus activement et efficacement à la course scientifique internationale si nous voulons stimuler notre croissance sans devenir une colonie intellectuelle.

Nous devons ensuite *organiser* le changement; en d'autres termes, nous devons planifier. Nous ne pouvons pas nous contenter de provoquer le changement, car la révolution permanente, laissée à elle-même, ne peut qu'engendrer l'anarchie et le chaos. Dans le contexte nouveau, la planification cesse d'être un dogme socialiste; elle devient un instrument essentiel qui sauvera l'homme du matérialisme dialectique de Marx. Tous les gouvernements et le secteur privé doivent planifier leurs activités en tenant compte de la conjoncture et de notre potentiel à long terme. Par contre, ils ne peuvent pas élaborer leurs plans dans l'isolement, car notre vie économique devient de plus en plus indivisible. Cette interdépendance pose des problèmes particuliers à un régime fédéral, car les projets des différents secteurs doivent éventuellement s'intégrer à un plan d'ensemble.

Nous devons aussi nous *adapter* au changement. Avec l'ère de la cybernation et de la révolution perpétuelle, l'éducation cesse d'être une préférence culturelle et le privilège de ceux qui ont la capacité de payer. Elle devient une nécessité économique, une condition essentielle d'adaptation au monde nouveau. C'est pourquoi l'éducation doit être gratuite à tous les niveaux et permanente à cause du mouvement technologique perpétuel. De plus, les politiques d'éducation et d'emploi deviennent indivisibles. Elles doivent l'une et l'autre, à des degrés divers mais inévitablement, être soumises aux exigences variables d'un marché du travail sans cesse mobile.

Nous devons en outre tous être en mesure de *bénéficier* le plus possible du changement et de l'affluence. Avec l'abondance, le problème de la distribution prend de nouveaux aspects. Au moment où la pauvreté était la règle générale, il était désirable que les mesures de sécurité sociale s'étendent au plus grand nombre de citoyens. Aujourd'hui, cet objectif n'est plus aussi impérieux. Le temps est venu de simplifier et de restreindre notre système de sécurité en aidant davantage ceux qui en ont le plus besoin. Un régime généreux de revenu annuel garanti est une condition indispensable à la solution du problème de la pauvreté. Nos régions défavorisées exigent un programme ordonné et audacieux de développement économique. Nos villes, où résideront bientôt 70 pour cent de notre population, ont un urgent besoin d'une politique d'urbanisme destinée surtout à éliminer les taudis, l'encombrement et la pollution. Enfin, le consommateur tend à devenir la victime de l'économie d'abondance; il doit être protégé contre l'exploitation des monopoles, les conflits entre les agents de production et les abus de la publicité.

Nous devons au reste avoir de multiples occasions de nous *évader* du changement. Avec la révolution perpétuelle, nous découvrons que l'homme doit subir des métamorphoses de plus en plus rapides, que ses efforts d'adaptation affectent tout son comportement, qu'il a besoin d'éléments compensateurs pour lui éviter de se décrocher de la trajectoire où l'engage la société nouvelle. L'homme, pour compenser le rythme endiablé et souvent déshumanisé de sa vie de travail, doit avoir des activités correspondant à des rythmes plus lents et à d'autres aspirations. Le combat pour le bonheur de l'humanité sera perdu si la société ne réussit pas à ennoblir l'homme dans ses loisirs, après l'avoir abruti dans son travail. Nous devons donc nous hâter d'édifier la société des loisirs non seulement en fonction des aspirations culturelles des élites, mais aussi à la mesure de l'homme moyen, de ses besoins et de ses aptitudes.

Particulièrement à l'heure où s'amorce la promotion culturelle de l'homme, le problème de la dualité de langue et de culture se pose dans des conditions nouvelles au Canada. Il ne s'agit plus uniquement de reconnaître concrètement les droits linguistiques de nos deux principaux groupes ethniques, de considérer le bilinguisme comme une nécessité économique ou comme une concession politique. Dans un monde qui s'unifie, où les échanges et les voyages sont plus fréquents et les loisirs plus nombreux, l'unilinguisme devient un handicap, surtout s'il est français en Amérique du Nord. Le Canada n'est que l'un des nombreux pays à posséder au moins deux langues officielles, mais il est le seul à pouvoir offrir à ses citoyens de participer aux deux plus grands courants culturels du monde à notre époque. Le bilinguisme n'est donc pas uniquement un gage de plus grande unité et de meilleure compréhension entre nos collectivités, il est aussi un élément essentiel de la promotion culturelle de l'individu. Le problème ethnique du Canada est aussi relié au degré et aux conditions de participation de nos deux principaux groupes à la direction de notre vie collective tant publique que privée. Nous devons viser à établir ces groupes sur le pied de l'égalité, à en faire des partenaires égaux, ce qui leur impose des obligations réciproques.

En outre, l'avènement de l'abondance au Canada, nous en sommes de plus en plus conscients, est en partie l'œuvre des Américains. Nous devons être assez réalistes pour reconnaître que notre dépendance à l'égard des États-Unis est essentielle à l'affluence que nous ne voulons pas sacrifier. Il faudra bien en définitive nous résigner à la frustration qui en découle. Nous serons toujours, sous plusieurs aspects, les Américains d'hier. C'est là notre bonheur et notre souffrance. Mais les Européens seront peut-être de plus en plus les Américains d'avant-hier. L'américanisation, au fond, c'est l'industrialisation, c'est l'avènement de la société d'abondance, avec ses avantages et ses problèmes.

Cela ne veut pas dire, cependant, que nous ne devons pas réduire notre dépendance. Nous devons éviter de devenir le Guatemala des États-Unis sans tenter d'être le Cuba de la France. Si nous pouvons arriver à jouer un rôle international moins semblable et plus complémentaire à celui de nos voisins, nous leur serons plus utiles et nous serons moins conscients de notre situation de satellite. Notre dépendance culturelle à l'égard des États-Unis peut être diminuée si nous fortifions notre propre vie culturelle et si nous favorisons les échanges avec d'autres pays. Nous pouvons réduire notre dépendance économique en accroissant notre marché domestique, en réorganisant notre marché financier, en diversifiant nos débouchés extérieurs et nos sources d'approvisionnement en capital. L'avènement d'une vaste communauté atlantique ne doit pas cesser d'être pour nous un objectif à long terme. En attendant, il faut commencer de toute urgence à diminuer notre dépendance à l'égard des États-Unis car, si nous attendons le moment où nous devrons vraiment choisir entre l'abondance et l'indépendance, la majorité des Canadiens, y compris les Canadiens français, pourrait fort bien choisir l'affluence, comme l'ont fait tant de nos ancêtres au siècle dernier.

Enfin, l'ère de l'abondance dans les pays industrialisés accentue le paradoxe de la misère et le problème de la faim dans les pays économiquement sous-développés. Il est devenu urgent, au nom du plus élémentaire humanisme et dans le propre intérêt de l'Occident, de favoriser beaucoup plus massivement le développement économique de ces pays. Dans ce contexte, le Canada devrait diminuer son rôle militaire dans les alliances régionales. Ce changement ne devrait pas s'inspirer d'un neutralisme illusoire ni aboutir à une réduction de nos charges internationales, mais à un accroissement de notre assistance aux pays en voie de développement. Il s'agit pour nous, en somme, de remplacer un rôle militaire marginal, dont nos partenaires ont de moins en moins besoin, par un rôle d'aide que nous sommes souvent mieux placés qu'eux pour remplir efficacement.

Au Canada, au Canada français surtout, on discute beaucoup depuis quelques années de notre régime politique. En somme, on remet en question les cadres de notre vie politique mais on se préoccupe trop peu de ce que devraient être ses objectifs et son contenu. On insiste sur la forme en négligeant la substance. Nous répétons, à mon avis, l'erreur que nous avons faite au lendemain du premier conflit mondial.

A ce moment le Canada était enfin définitivement lancé sur la voie du développement industriel. La tâche primordiale confiée au gouvernement fédéral en 1867 était accomplie. C'est alors que l'abbé Groulx et ses disciples allaient donner au mouvement nationaliste québécois une orientation autonomiste et antifédéraliste. Les provinces assumaient dans l'euphorie les principales fonctions de l'État en matière de croissance économique. Toutefois, les dirigeants de cette époque n'étaient pas conscients des problèmes provoqués par la croissance. On discutait de notre régime politique sans s'apercevoir que l'avènement de la société industrielle engendrait l'instabilité économique et l'insécurité sociale. La grande dépression fut une tragique expérience. Mais il fallut attendre vingt ans et une nouvelle poussée de centralisation pour que notre société politique s'attaque vraiment aux problèmes nés de la croissance.

Aujourd'hui, menacés de la même tentation, nous discutons avec véhémence de changements et même de bouleversements constitutionnels sans trop penser aux multiples problèmes provoqués par l'abondance et la révolution industrielle permanente et sans réfléchir suffisamment aux solutions politiques que ces difficultés vont exiger. Mais prenons garde. Au cours de la période antérieure, pendant que nos classes dirigeantes allaient à l'école nationaliste, le peuple se laissait façonner par le duplessisme. Récemment le peuple a déjà donné deux avertissements : en juin 1962 avec la poussée du Crédit social et le 5 juin 1966 lors des élections provinciales. Il n'accepte pas d'être dirigé par des élites qui le délaissent en succombant à un gaullisme québécois. Si nos élites veulent se situer à la fine pointe de notre société politique, il leur faudra donc abandonner le grand monde, arrêter de se quereller dans des chapelles académiques et aller rejoindre le Canadien français moyen pour l'aider à s'intégrer à un monde nouveau. C'est là leur mission la plus difficile mais aussi la plus noble.

Société royale du Canada

COLLECTION STUDIA VARIA

1
Studia Varia: Literary and Scientific Papers/Études littéraires et scientifiques (1956).
Édité par E. G. D. MURRAY

2
Our Debt to the Future: Symposium presented on the Seventy-Fifth Anniversary, 1957/Présence de Demain : Colloque présenté au Soixante-quinzième Anniversaire, 1957.
Édité par E. G. D. MURRAY

3
The Canadian Northwest: Its Potentialities; Symposium presented to the Royal Society of Canada in 1958/L'Avenir du Nord-Ouest canadien : Colloque présenté à la Société royale du Canada en 1958.
Édité par FRANK H. UNDERHILL

4
Evolution: Its Science and Doctrine; Symposium presented to the Royal Society of Canada in 1959/L'Évolution : La Science et la Doctrine; Colloque présenté à la Société royale du Canada en 1959.
Édité par THOMAS W. M. CAMERON

5
Aux sources du présent : Études présentées à la Section I de la Société royale du Canada/The Roots of the Present : Studies presented to Section I of the Royal Society of Canada (1960).
Sous la direction de LÉON LORTIE et ADRIEN PLOUFFE

6
Canadian Universities Today: Symposium presented to the Royal Society of Canada in 1960/Les Universités canadiennes aujourd'hui : Colloque présenté à la Société royale du Canada en 1960.
Édité par GEORGE STANLEY et GUY SYLVESTRE

7
Canadian Population and Northern Colonization: Symposium presented to the Royal Society of Canada in 1961 / La Population canadienne et la colonisation

du Grand Nord : Colloque présenté à la Société royale du Canada en 1961.
Édité par V. W. BLADEN

8
Higher Education in a Changing Canada: Symposium presented to the Royal Society of Canada in 1965 / L'Enseignement supérieur dans un Canada en évolution : Colloque présenté à la Société royale du Canada en 1965.
Édité par J. E. HODGETTS

9
Pioneers of Canadian Science: Symposium presented to the Royal Society of Canada in 1964 / Les Pionniers de la science canadienne : Colloque présenté à la Société royale du Canada en 1964.
Édité par G. F. G. STANLEY

10
Structures sociales du Canada français : Études de membres de la Section I de la Société royale du Canada.
Édité par GUY SYLVESTRE

11
Water Resources of Canada: Symposia presented to the Royal Society of Canada in 1966 / Ressources hydrauliques du Canada : Colloques présentés à la Société royale du Canada en 1966.
Édité par CLAUDE E. DOLMAN

12
Scholarship in Canada, 1967: Achievement and Outlook; Symposium presented to Section II of the Royal Society of Canada in 1967.
Édité par R. H. HUBBARD

13
Visages de la civilisation au Canada français : Études rassemblées par la Société royale du Canada.
Édité par LÉOPOLD LAMONTAGNE

14
Le Canada français d'aujourd'hui : Études rassemblées par la Société royale du Canada.
Édité par LÉOPOLD LAMONTAGNE